U0448659

西南聯大写作通识课

沈从文 朱自清 等著

天津出版传媒集团
天津人民出版社

图书在版编目（CIP）数据

西南联大写作通识课/沈从文等著. -- 天津：天津人民出版社，2023.9（2024.6重印）

ISBN 978-7-201-19652-7

Ⅰ.①西… Ⅱ.①沈… Ⅲ.①汉语－写作－高等学校－教材 Ⅳ.①H15

中国国家版本馆CIP数据核字(2023)第149131号

西南联大写作通识课
XINAN LIANDA XIEZUO TONGSHIKE

沈从文 朱自清 等 著

出　　版	天津人民出版社
出 版 人	刘锦泉
地　　址	天津市和平区西康路35号康岳大厦
邮政编码	300051
邮购电话	（022）23332469
电子信箱	reader@tjrmcbs.com

责任编辑	玮丽斯
监　　制	黄 利　万 夏
营销支持	曹莉丽
特约编辑	邓 华　周妤枰
版权支持	王福娇
装帧设计	紫图图书ZITO®

制版印刷	艺堂印刷（天津）有限公司
经　　销	新华书店
开　　本	880毫米×1230毫米　1/32
印　　张	9.5
字　　数	219千字
版次印次	2023年9月第1版　2024年6月第2次印刷
定　　价	59.90元

版权所有　侵权必究
图书如出现印装质量问题，请致电联系调换（022-23332469）

联大学生在图书馆安静专注地阅读

  联大中文系教授来自清华、北大、南开三校。汪曾祺先生回忆说，系主任轮流坐庄。朱自清、罗常培、闻一多都当过。在他们"当政"期间，中文系还是那个老样子，他们都没有一套"施政纲领"。事实上当时的系主任"为官清简"，近于无为而治。中文系的学风和别的系也差不多：民主、自由、开放。当时没有"开放"这个词，但有这个事实。中文系似乎比别的系更自由。

汪曾祺（左）和沈从文（右）

  汪曾祺是因为喜欢沈从文先生的小说才报考的西南联大，而沈先生"放羊"式的教学，尤其让自由散漫的汪曾祺受用。汪先生回忆说，沈先生开过三门课：各体文习作、创作实习、中国小说史。沈先生一般不出题目的，由学生想写什么就写什么，再根据学生作品具体问题具体讲解。沈先生不讲什么理论，只反复忠告"要贴着人物来写"。汪曾祺认为沈先生这句方言味儿很重的忠告，是"小说学的精髓"。

1946年5月3日，西南联大中文系全体师生在教室前合影

二排左起：浦江清、朱自清、冯友兰、闻一多、唐兰、游国恩、罗庸、许维遹、余冠英、王力、沈从文

闻一多先生上课，老师、学生都可以抽烟。但朱自清先生上课就要求很严了。汪曾祺说，朱先生讲宋词，"一首一首地讲，要求学生记笔记、背，还要定期考试，小考，大考。"汪曾祺受不了，常逃朱先生的课，朱先生大为光火。以至于1943年，汪曾祺即将毕业，朱先生断然拒绝了汪曾祺留校当其助教的推荐。

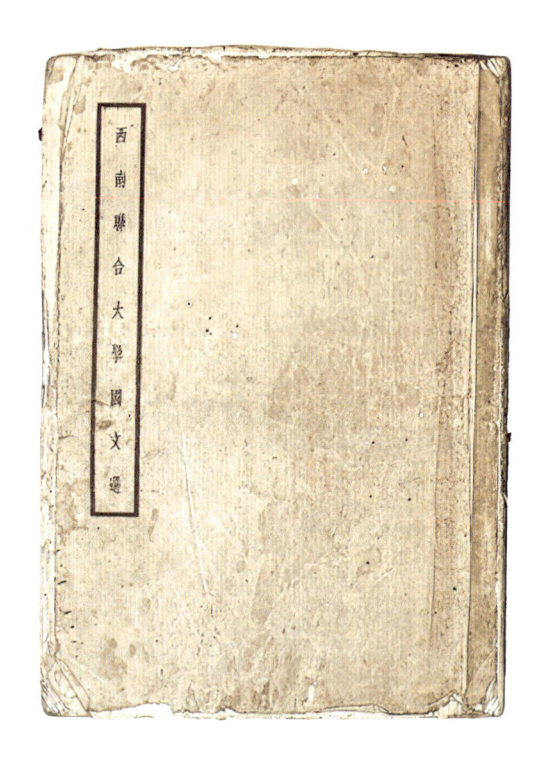

西南联大各系必修通识教材：《西南联合大学国文选》

汪曾祺回顾自己的文学启蒙，屡屡提及图中这本《西南联合大学国文选》。它也是联大各系学生的必修课，由杨振声、朱自清、浦江清、罗庸诸位大师，耗时4年时间才编定。它打破了此前完全"尊古"的旧模式，加入大量今文，增强现代文艺美学方面的教育。既注重作品思想之深和语言之美，又不忘兼顾时代呼声。从入选文章不难看出，其编选者以一片炽烈的家国情怀，与西南联大"刚毅坚卓"的校训精神相呼应，真正将语文训练与文化训练相结合，开创出大学文学写作教学的新天地。

（由于年代久远，以上图片的原图均为模糊黑白照，彩色复原效果经由AI技术处理。）

写在"西南联大通识课"丛书出版前

在艰苦的抗日战争时期,为赓续中华民族的文化血脉,北京大学、清华大学、南开大学以国家民族大义为己任,辗转南迁,在祖国的西南边陲合组国立西南联合大学(简称"西南联大"),在极度简陋的环境中坚持办学。近九年的弦歌不辍中,西南联大以文化抗衡日本帝国主义的铁骑,竖起了一座高等教育史的丰碑,为国家和民族留下一笔宝贵的历史财富的同时,亦为现代的中国在对话世界的过程中展示了中华民族在艰难岁月中坚韧不拔的精神气质,赢得世界的认可。

时光虽然过去八十多年,但是西南联大以其坚守、奋发、卓越,向我们展示了中华民族在寻求民族独立、民族解放、民族富强的道路上的决心。西南联大以她的方式在教学、科研、育人、生活、服务社会等多维的方面,既为我们记录了他们对古老中国沉的爱,也以时间画卷展现了他们在民族危亡时始终坚定胜利和孜孜寻求中国现代化的出路，并且拼命追赶着世界的步伐。为此，我始终对西南联大抱有着崇高的敬意和仰望。

我想这套书的出版，既是为历史保存，也是为时代讲述。从书中我们可以从细微处感知那一代人他们是那么深沉地爱着她的国家，爱着她的人民。我们会发现，抗战中的西南联大从历史走来，回归到了百年的民族梦想和现代化的道路中来审视她的价值。我想，细心的读者可以发现，历史从未走远。

用朱光潜先生的话来做引：读书不在多，最重要的是选得精，读得彻底。期待读者在选读中，我们一起可以慢慢从历史、哲学、文学、美学等一个个侧面品味西南联大与现代中国是如何向世界讲述中国故事。这便是我读这套书的感受。是为序。

西南联大博物馆馆长
李红英
于西南联大旧址
2022 年 10 月 12 日

编者的话

西南联大诞生于民族存亡之关头,与抗日战争相始终。前后虽仅存 8 年多时间,但其以延续中华文脉为使命的"刚毅坚卓","内树学术自由之规模,外来民主堡垒之称号,违千夫之诺诺,作一士之谔谔"(西南联大碑文语),培育了众多国家级、世界级的人才。不仅创造了世界教育史上的伟大奇迹,更引领思想,开启了中国现代文化史上的绚烂篇章。

弗尼吉亚大学约翰·伊瑟雷尔教授说,"这所大学的遗产是属于全人类的"。"西南联大通识课"丛书,正是我们以虔诚之心,整理、保留联大知识遗产所作的努力。

联大之所以学术、育才成果辉煌,是因其在高压之下仍坚持教授治校、学术自由的校风宗旨,也得益于其贯彻实施通识教育理念。通识教育(general education)是指对所有学生所普遍进行的共同文化教育,包括基础性的语言、文化、历史、科学知识的传授,个性的熏陶,以及不直接服务于专业教育的人人皆需的一些实际能力的培养，目的在于完备学生知识结构，让其"通"和"专"的教育互为成就，进步空间更大。

近年来，"通识"学习需求在社会中表现得越来越普遍，对自己知识素养有所要求的人，亦会主动寻找通识读物为自己充电。这让我们产生了将联大教授的讲义、学术成果整理编辑为适用当下的通识读本的想法，也为保留传承联大知识遗产做出一点小小贡献。

通识课得有系统性，所以我们先根据学科框架设定章节，再从联大相应教授的讲义或学术成果中选取相应内容构成全书。

即便我们设定了每本书的主题，但由于同时选入多位教授的作品，因教授风格之不同，使得篇章之间也显示为不同风格。不过，这也正好是西南联大包容自由、百花齐放的具体表现。

联大教授当时的授课讲义多有遗失，极少部分由后人或学生整理成书。这些后期整理而成的出版物，成为我们的内容来源之一。更多教授的讲义，后被教授本人修订或展开重写，成为其学术著作的一部分。其学术著作，就成为我们的又一内容来源。因此，我们的"西南联大通识课"丛书基本忠实于联大课堂所讲内容，但形态已经不完全是讲义形态。

为了更清晰地表现通识课读本结构，我们对部分文章进行了重拟标题以及分节的处理，具体在书中以编者注的方式给予说明。

由于时代语言习惯不同形成的文字差异,编者对其按现今的使用方法作了统一处理。译名亦均改为现在标准的通用译名。

《西南联大写作通识课》一书由"第一编 文学以及审美""第二编 成为一个写作者""第三编 阅读与学习""第四编 我怎么创造故事,故事怎么创造我"及"附 西南联大国文课选读"五部分组成。

第一编选用朱自清先生的讲义,厘清了文学与语言、文学与审美等诸多基本问题。第二编选用了沈从文先生的讲义,为志于写作者提供了从思想态度到文体实践上的诸多实用建议。第三编则选取了朱自清和沈从文两位先生的部分文学评论文章,从写作的角度学习阅读,从分析的角度学习写作。第四编则是沈从文先生作为创作者的一篇独白。此外,本书特选取西南联大国文课教材中部分与写作有关的篇目附于书后,以求还原西南联大的授课风貌。

目 录

第一编
文学以及审美

- 3 什么是文学?
- 7 什么是文学的"生路"?
- 11 鲁迅先生的中国语文观
- 15 用日常口语来写作
- 22 论严肃
- 27 低级趣味
- 30 论雅俗共赏
- 38 论通俗化
- 42 论百读不厌
- 50 短长书
- 53 诗的形式

59　诗与感觉

67　诗与哲理

72　诗与幽默

80　论无话可说

第二编 | 83
成为一个写作者

85　为什么要写作？

87　写作是情绪的体操

92　依赖文学沟通人心

98　老老实实的文学态度

106　从社会这本大书学一学人生

110　怎么才叫懂创作？

113　静静地看、分析和批评

119　技巧就是求恰当

123　天才和灵感都毫无意义

126	写作时要独断，要彻底地独断
133	论特写
140	短篇小说
155	谈写游记
160	不要宣泄
163	不要白相

第三编 | 167
阅读与学习

169	古文学的欣赏
175	叶圣陶的短篇小说
182	郁达夫、张资平及其影响
189	由冰心到废名
203	从徐志摩作品学习"抒情"
211	论闻一多的《死水》

| 第四编 | 217
我怎么创造故事，故事怎么创造我

| 附 | 255
西南联大国文课选读

257　文艺与道德

261　自然美与自然丑

270　文说（三篇）

272　我的写作与水的关系

276　我怎么做起小说来

280　人间词话

第一编
文学以及审美

朱自清

古代的文人能够代诉民间疾苦，现代的文人也能够表现人道主义。

朱自清 （1898—1948） 西南联大中文系主任、教授

原名自华，后改名自清，字佩弦。曾担任清华大学中文系教授、西南联大中文系主任和教授，中国现代散文家、诗人、学者。一生著作颇丰，有《荷塘月色》《背影》等散文名篇。

什么是文学？

什么是文学？大家愿意知道，大家愿意回答，答案很多，却都不能成为定论。也许根本就不会有定论，因为文学的定义得根据文学作品，而作品是随时代演变，随时代堆积的。因演变而质有不同，因堆积而量有不同，这种种不同都影响到什么是文学这一问题上。比方我们说文学是抒情的，但是像宋代说理的诗，十八世纪英国说理的诗，似乎也不得不算是文学。又如我们说文学是文学，跟别的文章不一样，然而就像在中国的传统里，经史子集都可以算是文学。经史子集堆积得那么多，文士们都钻在里面生活，我们不得不认这些为文学。当然，集部的文学性也许更大些。现在除经史子集外，我们又认为元明以来的小说戏剧是文学。这固然受了西方的文学意念的影响，但是作品的堆积也多少在逼迫着我们给它们地位。明白了这种种情形，就知道什么是文学这问题大概不会有什么定论，得看作品看时代说话。

新文学运动初期，运动的领导人胡适之先生曾答复别人的问题，写了短短的一篇《什么是文学？》。这不是他用力的文章，说得也很简单，一向不曾引起多少注意。他说文字的作用不外达意表情，达意达得好，表情表得妙就是文学。他说文学有三种性：一是懂得性，就是要明白。二是逼人性，要动人。三是美，上面两种性联合起来就是美。这里并不特别强调文学的表情作用；却将达意和表情并列，将文学看作和一般文章一样，文学只是"好"的文章、"妙"的文章、"美"的文章罢了。而所谓"美"就是明白与动人，所谓三种性其实只是两种性。"明白"大概是条理清楚，不故意卖关子；"动人"大概就是胡先生在《谈新诗》里说的"具体的写法"。

当时大家写作固然用了白话，可是都求其曲，求其含蓄。他们注重求暗示，觉得太明白了没有余味。至于"具体的写法"，大家倒是同意的。只是在《什么是文学？》这一篇里，"逼人""动人"等语究竟太泛了，不像《谈新诗》里说的"具体的写法"那么"具体"，所以还是不能引人注意。

再说当时注重文学的型类，强调白话诗和小说的地位。白话新诗在传统里没有地位，小说在传统里也只占到很低的地位。这儿需要斗争，需要和只重古近体诗与骈散文的传统斗争。这是工商业发展之下新兴的知识分子跟农业的封建社会的士人的斗争，也可以说是民主的斗争。胡先生的不分型类的文学观，在当时看来不免历史癖太重，不免笼统，而不能鲜明自己的旗帜，因此注意他这一篇短文的也就少。文学型类的发展从新诗和小说到了散文——就是所谓美的散文，又叫作小品文的。虽然这种小品文以抒情为主，是外来的影响，但是跟传统的骈散文的一部分却有接近之处。

而文学包括这种小说以外的散文在内，也就跟传统的文的意念包括骈散文的有了接近之处。小品文之后有杂文。杂文可以说是继承"随感录"的，但从它的短小的篇幅看，也可以说是小品文的演变。小品散文因应时代的需要从抒情转到批评和说明上，但一般还认为是文学，和长篇议论文、说明文不一样。这种文学观就更跟那传统的文的意念接近了。而胡先生说的"什么是文学？"也就值得我们注意了。

传统的文的意念也经过几番演变。南朝所谓"文笔"的文，以有韵的诗赋为主，加上些典故用得好，比喻用得妙的文章;《昭明文选》里就选的是这些。这种文多少带着诗的成分，到这时可以说是诗的时代。宋以来所谓"诗文"的文，却以散文就是所谓古文为主，而将骈文和辞赋附在其中。这可以说是到了散文时代。现代中国文学的发展，虽只短短的三十年，却似乎也是从诗的时代走到了散文时代。初期的文学意念近于南朝的文的意念，而与当时还在流行的传统的文的意念，就是古文的文的意念，大不相同。但是到了现在，小说和杂文似乎占了文坛的首位，这些都是散文，这正是散文时代。特别是杂文的发展，使我们的文学意念近于宋以来的古文家而远于南朝。胡先生的文学意念，我们现在大概可以同意了。

英国德来登早就有知的文学和力的文学的分别，似乎是日本人根据了他的说法而仿造了"纯文学"和"杂文学"的名目。好像胡先生在什么文章里不赞成这种不必要的分目。但这种分类虽然好像将表情和达意分而为二，却也有方便处。比方我们说现在杂文学是在和纯文学争着发展。这就可以见出这时代文学的又一面。杂文固然是杂文学，其他如报纸上的通讯、特写，现在也多数用语体而带有文学意味了，书信有些也如此。甚至宣言，有些也注重文学意味了。

这种情形一方面见出一般人要求着文学意味，一方面又意味着文学在报章化。清末古文报章化而有了"新文体"，达成了开通民智的使命。现代文学的报章化，该是德先生和赛先生的吹鼓手罢。这里的文学意味就是"好"，就是"妙"，也就是"美"；却绝不是卖关子，而正是胡先生说的"明白""动人"。报章化要的是来去分明，不躲躲闪闪的。杂文和小品文的不同处就在它的明快，不大绕弯儿，甚至简直不绕弯儿。具体倒不一定。叙事写景要具体，不错。说理呢，举例子固然要得，但是要言不烦，或简捷了当，也就是干脆，也能够动人。使人威固然是动人，使人信也未尝不是动人。不过这样解释着胡先生的用语，他也许未必同意罢？

原载北平《新生报》，1946年

什么是文学的"生路"?

杨振声先生在本年十月十三日《大公报》的《星期文艺》第一期上发表了《我们打开一条生路》一篇文。中间有一段道:

"过去种种譬如昨日死",不是譬如,它真的死亡了;帝国主义的死亡,独裁政体的死亡,资本主义与殖民政策也都在死亡中,因而从那些主义与政策发展出来的文化必然的也有日暮途穷之悲。我们在这里就要一点自我讽刺力与超己的幽默性,去撞自己的丧钟,埋葬起过去的陈腐,重新抖擞起精神做这个时代的人。

这是一个大胆的、良心的宣言。

杨振声(1890—1956),字今甫,亦作金甫,笔名希声,山东蓬莱(今蓬莱市)水城村人。现代著名教育家、作家、教授,曾任国立青岛大学(今山东大学)校长。杨先生在这篇文里可没有说到怎样打开一条生路。十一月一日《星期文艺》上有废名先生《响应"打开一条生路"》一篇文，主张"本着（孔子）伦常的精义，为中国创造些新的文艺作品"，他说伦常就是道，也就是诗。杨先生在文后有一段按语，提到了笔者的疑问，主张"综合中外新旧，胎育我们新文化的蓓蕾以发为新文艺的花果"。但是他说"这些话还是很笼统"。

具体的打开的办法确是很难。第一得从"做这个时代的人"说起。这是一个动乱时代，是一个矛盾时代。但这是平民世纪。新文化得从矛盾里发展，而它的根基得打在平民身上。中国知识阶级的文人吊在官僚和平民之间，上不在天，下不在田，最是苦闷，矛盾也最多。真是做人难。但是这些人已经觉得苦闷，觉得矛盾，觉得做人难，甚至愿意"去撞自己的丧钟"，就不是醉生梦死。他们愿意做新人，为新时代服务。文艺是他们的岗位，他们的工具。他们要靠文艺为新时代服务。文艺有社会的使命，得是载道的东西。

做过美国副国务卿的诗人麦克里希在1939年曾写过一篇文叫作《诗与公众世界》，说："我们是活在一个革命的时代；在这时代，公众的生活冲过了私有的生命的堤防。……私有经验的世界已经变成了群众、街市、都会、军队、暴徒的世界。"他因而主张诗歌与政治改革发生关系。后来他做罗斯福总统的副国务卿，大概就为了施展他的政治改革的抱负。可惜总统死了，他也就下台了。他的主张，可以说是诗以载道。诗还要载道，不用说文更要载道了。时代是一个，天下是一家，所以大家心同理同。

这个道是社会的使命。要表现它，传达它，得有一番生活的经验，这就难。知识阶级的文人，虽然让"公众的生活冲过了私有的生命的堤防",但是他们还惰性地守在那越来越窄的私有的生命的角落上。他们能够嘲讽的"去撞自己的丧钟",可是没有足够的勇气"重新抖擞起精神做这个时代的人"。这就是他们我们的矛盾和苦闷所在。

古代的文人能够代诉民间疾苦,现代的文人也能够表现人道主义。但是这种办法多多少少有些居高临下。平民世纪所要求的不是这个,而是一般高的表现和传达;这就是说文人得作为平民而生活着,然后将那生活的经验表现、传达出来。麦克里希所谓"革命的时代"的"革命",不知是不是这个意思,然而这确是一种革命。革命需要大勇气,自然难。

然而苦闷要求出路,矛盾会得发展。我们的文人渐渐地在工商业的大都市之外发现了农业的内地。在自己的小小的圈子之外发现了小公务员。他们的视野扩大了,认识也清楚多了,他们渐渐能够把握这个时代了。自然,新文学运动以来的作者早就在写农村,写官僚。然而态度不同,他们是站在知识阶级自己的立场尽了反封建反帝国主义的任务。现在这时代进一步要求他们自己站到平民的立场上来说话。他们写内地,写小公务员,就是在不自觉的多多少少接受着这个要求,所以说是"发现"。再说第一次世界大战以后,个人主义一度猛烈地抬头,一般作者都将注意力集中在自己身上,甚至以"身边琐事"为满足。现在由自己转到小公务员,转到内地人,也该算是"发现"。

知识阶级的文人如果再能够自觉地努力发现下去,再多扩大些,再多认识些,再多表现、传达或暴露些,那么,他们会渐渐地终于无形地参加了政治社会的改革的。那时他们就确实站在平民的立场,

"做这个时代的人"了。现在举例来说，文人大多数生活在都市里，他们还可以去发现知识青年，发现小店员，还可以发现摊贩：这些人都已经有集团的生活了，去发现也许并不太难。现在的报纸上就有这种特写，那正是一个很好的起头。

说起报纸，我觉得现在的文艺跟报章体并不一定有高低的分别，而是在彼此交融着，看了许多特写可以知道。现在的文艺因为读者群的增大，不能再是"文章千古事，得失寸心知"了，它得诉诸广大的读众。加上话剧和报纸特写的发达和暗示，它不自觉地、渐渐地走向明白痛快的写实一路。文艺用的语言虽然总免不掉夹杂文言，夹杂欧化，但是主要的努力是向着活的语言。文艺一面取材于活的语言，一面也要使文艺的语言变成活的语言。在这种情形之下，杂文、小说和话剧自然就顺序地一个赛一个地加速地发展。这三员大将依次正是我们开路的先锋。杨先生那篇文就是杂文，他用的就是第一员先锋。

原载北平《新生报》，1946年

鲁迅先生的中国语文观

这里是就鲁迅先生的文章中论到中国语言文字的话,综合的加以说明,不参加自己意见。有些就抄他的原文,但是恕不一一加引号,也不注明出处。

鲁迅先生以为中国的言文一向就并不一致,文章只是口语的提要。我们的古代的纪录大概向来就将无关重要的词摘去,不用说是口语的提要。就是宋人的语录和话本,以及元人杂剧和传奇里的道白,也还是口语的提要。只是他们用的字比较平常,删去的词比较少,所以使人觉得"明白如话"。至于一般所谓古文,又是古代口语的提要而不是当时口语的提要,更隔一层了。

他说中国的文或话实在太不精密。向来作文的秘诀是避去俗字,删掉虚字,以为这样就是好文章。其实不精密。讲话也常常会词不达意，这是话不够用，所以教员讲书必须借助于粉笔。文与话的不精密，证明思路不精密，换一句话，就是脑筋有些糊涂。倘若永远用着这种糊涂的语言，即使写下来读起来滔滔而下，但归根结底所得的还是一些糊涂的影子。要医这糊涂的病，他以为只好陆续吃一点苦，在语言里装进异样的句法去，装进古的，外省外府的，外国的句法去。习惯了，这些句法就可变为己有。

他赞成语言的欧化而反对刘半农先生"归真反朴"的主张。他说欧化文法侵入中国白话的大原因不是好奇，乃是必要。要话说得精密，固有的白话不够用，就只得采取些外国的句法。这些句法比较的难懂，不像茶泡饭似的可以一口吞下去，但补偿这缺点的是精密。反对欧化的人说中国人"话总是会说的"，一点不错，但要前进，全照老样子是不够的。即如"欧化"这两个字本身就是欧化的词儿，可是不用它，成吗？

"归真反朴"是要回到现在的口语，还有语录派，更主张回到中古的口语，鲁迅先生不用说是反对的。他提到林语堂先生赞美的语录的便条，说这种东西在中国其实并未断绝过种子，像上海的巷口摊子上的文人代男女工人们写信，用的就是这种文体，似乎不劳重新提倡。他还反对"章回小说体的笔法"，都因为不够用，不精密。

他赞成语言的大众化，包括书法的拉丁化。他主张将文字交给一切人。他将中国话大略分为北方话、江浙话、两湖川贵话、福建话、广东话，主张地方语文的大众化，然后全国语文的大众化。这全国到处通行的大众语，将来如果真有的话，主力恐怕还是北方话。不过不是北方的土话，而是好像普通话模样的东西。

大众语里也有绍兴人所谓"炼话"。这"炼"字好像是熟练的意思，而不是简练的意思。鲁迅先生提到有人以为"大雪纷飞"比"大雪一片一片纷纷地下着"来得简要而神韵。他说在江浙一带口语里，大概用"凶""猛"或"厉害"来形容这下雪的样子。《水浒传》里的"那雪正下得紧"，倒是接近现代大众语的说法，比"大雪纷飞"多两个字，但那"神韵"却好得远了。这里说的"神韵"大概就是"自然""到家"，也就是"熟练"或"炼"的意思。

对文言的"大雪纷飞"，他取"那雪正下得紧"的自然。但一味注重自然是不行的。他主张语言里得常常加进些新成分，翻译的作品最宜担任这种工作。即使为略能识字的读众而译的书，也应该时常加些新的字眼，新的语法在里面。但自然不宜太多；以偶尔遇见而自己想想或问问别人就能懂得的为度。这样逐渐地拣必要的一些新成分灌输进去，群众是会接受的，也许还胜过成见更多的读书人。必须这样，大众语才能够丰富起来。

鲁迅先生主张的是在现阶段一种特别的语言，或四不像的白话，虽然将来会成为"好像普通话模样的东西"。这种特别的语言不该采取太特别的土话，他举北平话的"别闹""别说"做例子，说太土。可是要上口，要顺口。他说作完一篇小说总要默读两遍，有拗口的地方，就或加或改，到读得顺口为止。但是翻译却宁可忠实而不顺；这种不顺他相信只是暂时的，习惯了就会觉得顺了。若是真不顺，那会被自然淘汰掉的。他可是反对凭空生造；写作时如遇到没有相宜的白话可用的地方，他宁可用古语，就是文言，决不生造，决不生造"除自己之外谁也不懂的形容词"。

文学以及审美

他也反对"做文章"的"做","做"了会生涩,格格不吐。可是太"做"不行,不"做"却又不行。他引高尔基的话"大众语是毛坯,加了工的是文学",说这该是很中肯的指示。他所需要的特别的语言,总起来又可以这样说:"采说书而去其油滑,听闲谈而去其散漫,博取民众的口语而存其比较的大家能懂的字句,成为四不像的白话。这白话得是活的,因为有些是从活的民众口头取来,有些要从此注入活的民众里面去。"

原载北平《新生报》,1946年

用日常口语来写作

胡适之先生说过宋诗的好处在"作诗如说话",他开创白话诗,就是要更进一步地做到"作诗如说话"。这"作诗如说话"大概就是说,诗要明白如话。这一步胡先生自己是做到了,初期的白话诗人也多多少少地做到了。可是后来的白话诗越来越不像说话,到了受英美近代诗的影响的作品而达到极度。于是有朗诵诗运动,重新强调诗要明白如话,朗诵出来大家都懂。不过胡先生说的"如说话",只是看起来如此,朗诵诗也只是又进了一步做到朗诵起来像说话,都还不像日常嘴里说的话。陆志韦先生却要诗说出来像日常嘴里说的话。他的《再谈谈白话诗的用韵》(见燕京大学新诗社主编的《创世曲》)的末尾说:

> 我最希望的，写白话诗的人先说白话，写白话，研究白话。写的是不是诗倒还在其次。

这篇文章开头就提到他的《杂样的五拍诗》，那发表在《文学杂志》二卷四期里，是用北平话写出的。要像日常嘴里说的话，自然非用一种方言不可。陆先生选了北平话，是因为赵元任先生说过"北平话的重音的配备最像英文不过"，而"五拍诗"也就是"无韵体"，陆先生是"要模仿莎士比亚的神韵"。

陆先生是最早的系统的试验白话诗的音节的诗人，试验的结果有本诗集叫作《渡河》，出版在民国十二年（1923年）。记得那时他已经在试验无韵体了。以后有意地试验种种西洋诗体的，要数徐志摩和卞之琳两位先生。这里要特别提出徐先生，他用北平话写了好些无韵体的诗，大概真的在模仿莎士比亚，在笔者看来是相当成功的，又用北平话写了好些别的诗，也够味儿。

他的散文也在掺用着北平话。他是浙江硖石人，集子里有硖石方言的诗，够地道的。他笔下的北平话也许没有本乡话地道，不过活泼自然，而不难懂。他的北平话大概像陆先生在《用韵》那篇文里说的，"是跟老百姓学"的，可是学的只是说话的腔调，他说的多半还是知识分子自己的话。

陆先生的五拍诗里的北平话，更看得出"是跟老百姓学"的，因为用的老百姓的词汇更多，更地道了。可是他说的更只是自己的话。他的五拍诗限定六行，与无韵体究竟不一样。这"是用国语写的"，"得用国语来念"，陆先生并且"把重音圈出来"，指示读者该怎样念。

这一点也许算得是在"模仿莎士比亚"的无韵体罢。可是这二十三首诗，每首像一个七巧图，明明是英美近代诗的作风，说是模仿近代诗的神韵，也许更确切些。

近代诗的七巧图，在作者固然费心思，读者更得费心思，所以"晦涩"是免不了的。陆先生这些诗虽然用着老百姓的北平话的腔调，甚至有些词汇也是老百姓的，可并不能够明白如话，更不像日常嘴里说的话。他在《用韵》那篇文里说"罚咒以后不再写那样的诗"，"因为太难写"，在《杂样的五拍诗》的引言里又说"有几首意义晦涩"，于是他"加上一点注解"。这些都是老实话。但是注解究竟不是办法。他又说"经验隔断，那能引起共鸣"。这是晦涩的真正原因。他又在《用韵》里说：

> 中国的所谓新人物，依然是老脾气。哪怕连《千家诗》，《唐诗三百首》都没有见过的人，一说起这东西是"诗"，就得哼哼。一哼就把真正的白话诗哼毁了。

"真正的白话诗"是要"念"或说的。我们知道陆先生是最早的系统的试验白话诗的音节的诗人，又是音乐鉴赏家，又是音韵学家，他特别强调那"念"的"真正的白话诗"，是可以了解的；就因为这些条件，他的二十三首五拍诗，的确创造了一种"真正的白话诗"。可是他说"不会写大众诗"，"经验隔断，那能引起共鸣"，也是真的。

用老百姓说话的腔调来写作，要轻松不难，要活泼自然，也不太难，要沉着却难；加上老百姓的词汇，要沉着更难。陆先生的五拍诗能够达到沉着的地步，的确算得是奇作。笔者自己很爱念这些诗，已经念过好几遍，还乐意念下去，念起来真够味。笔者多多少少分有陆先生的经验，虽然不敢说完全懂得这些诗，却能够从那自然而沉着的腔调里感到亲切。这些诗所说的，在笔者看来，可以说是爱自由的知识分子的悲哀。我们且来念念这些诗。开宗明义是这一首：

> 是一件百家衣，矮窗上的纸
> 苇子杆上稀稀拉拉的雪
> 松香琥珀的灯光为什么凄凉？
> 几千年，几万年，隔这一层薄纸
> 天气温和点，还有人认识我
> 父母生我在没落的书香门第

有一条注解：

> 一辈子没有种过地，也没有收过租，只挨着人家碗边上吃这一口饭。我小的时候，乡下人吃白米、豆腐、青菜，养几只猪，一大窝鸡。现在吃糠，享四大皆空自由。老觉得这口饭是赊来吃的。

诗里的"百家衣"，就是"这口饭是赊来吃的"。纸糊在"苇子杆子"上，矮矮的窗，雪落在窗上，屋里是黄黄的油灯光。读书人为什么这样"凄凉"呢？他老在屋里跟街上人和乡下人隔着；出来了，人家也还看待他是特殊的一类人。他孤单,他寂寞,他是在命定的"没落"了。这够"凄凉"呢!

但是他并非忘怀那些比自己苦的人。请念第十九首:

在乡下,我们把肚子贴在地上
糊涂的天就压在我们的背上
老呱说:"天你怎么那么高呀?"
抬头一看,他果然比树还高
树上有山头,山头上还有树
老天爷,多给点儿好吃吃的吧。

这一首没有注解,确也比较好懂。"肚子贴在地上"是饿瘪了,"天高皇帝远",谁来管你!但是还只有求告"老天爷"多给点儿吃的!——北平话似乎不说"好吃吃的","好吃的"也跟"吃的"不同。读书人,知识分子,也想到改革上,这是第三首:

明天到那儿?大路的尽头在那儿?
这一排杨树,空心的,腆着肚子,
扬起破烂的衣袖,把路遮断啦
纸灯儿摇摆,小驴儿,嗖,拐弯啦。
黑蒙蒙的踏着癞蛤蟆求婚的拍子
走到岔路上,大车呢,许是往西啦

文学以及审美

注解是：

　　十年前，卢沟桥还没有听到枪声，我仿佛已经想到现在的局面。在民族求生存的途径上，我宁愿像老戆赶大车，不开坦克车。

　　诗里"明天"和"大路"自然就是"民族求生存的途径"，"把路遮断"的"一排杨树"大概是在阻碍着改革的那些家伙罢。"纸灯儿"，黑暗里一点光明；"小驴儿"拐弯抹角地慢慢地走着夜路，"癞蛤蟆想吃天鹅肉"，"知其不可而为之"，大概会跟着"大车""往西"的，"往西"就是西化。"往西"是西化，得看注解才想得到，单靠诗里的那个"西"字的暗示是不够的。这首诗似乎只说到个人的自由的努力；但是诗里念不出那"宁愿"的味儿。个人的自由的努力的最高峰是"创造"。第六首的后三行是：

　　　　脚底下的地要跳，像水煮开啦
　　　　鱼刚出水，毒龙刚醒来抖擞
　　　　活火的刀山上跳舞，我要创造

　　注解里引易卜生的话，"在美里死。"陆先生慨叹着"书香门第"的自己，慨叹着"乡下"的人，讥刺着"帮闲的"，怜惜着"孩子"，终于强调个人的"创造"，这是"明天"的"大路"。这条"路"也许就是将"大众"的和他"经验隔断"的罢？

《杂样的五拍诗》正是"创造","创造"了一种"真正的白话诗"。照陆先生自己声明的而论,他是成功了的。但是在一般的读者,这些诗恐怕是晦涩难懂得多;即使看了注解,恐怕还是不成罢。"难写",不错,这比别的近代作风的诗更难,因为要巧妙地运用老百姓的腔调。但是麻烦的还在难懂。当然这些诗可以诉诸少数人,可是"跟老百姓学"而只诉诸少数人,似乎又是矛盾。这里"经验隔断"说明了一切。现在是有了不容忽视的"大众","大众"的经验跟个人的是两样。什么是"大众诗",我们虽然还不知道,但是似乎已经在试验中,在创造。大概还是得"作诗如说话",就是明白如话。不过倒不必像一种方言,因为方言的词汇和调子实在不够用;明白如话的"话"该比嘴里说的丰富些,而且该不断地丰富起来。这就是已经在"大众"里成长的"活的语言";比起这种话来,方言就显得呆板了。至于陆先生在《用韵》那篇文里说的轻重音,韵的通押,押韵形式,句尾韵等,是还值得大家参考运用的。

原载北平《华北日报》文学副刊

原题为"诗与话"

论严肃

新文学运动的开始，斗争的对象主要的是古文，其次是礼拜六派或鸳鸯蝴蝶派的小说，又其次是旧戏，还有文明戏。他们说古文是死了。旧戏陈腐、简单、幼稚、嘈杂、不真切，武场更只是杂耍，不是戏。而鸳鸯蝴蝶派的小说意在供人们茶余酒后消遣，不严肃，文明戏更是不顾一切地专迎合人们的低级趣味。白话总算打倒了古文，虽然还有些肃清的工作；话剧打倒了文明戏，可是旧戏还直挺挺地站着，新歌剧还在难产之中。鸳鸯蝴蝶派似乎也打倒了，但是又有所谓"新鸳鸯蝴蝶派"。这严肃与消遣的问题够复杂的，这里想特别提出来讨论。

照传统的看法，文章本是技艺，本是小道，宋儒甚至于说"作文害道"。新文学运动接受了西洋的影响，除了解放文体以白话代古文之外，所争取的就是这文学的意念，也就是文学的地位。他们要打倒那"道"，让文学独立起来，所以对"文以载道"说加以无情的攻击。这"载道"说虽然比"害道"说温和些，可是文还是道的附庸。照这一说，那些不载道的文就是"玩物丧志"。玩物丧志是消遣，载道是严肃。消遣的文是技艺，没有地位；载道的文有地位了，但是那地位是道的，不是文的——若单就文而论，它还只是技艺，只是小道。新文学运动所争的是，文学就是文学，不干道的事，它是艺术，不是技艺，它有独立存在的理由。

在中国文学的传统里，小说和词曲（包括戏曲）更是小道中的小道，就因为是消遣的，不严肃。不严肃也就是不正经；小说通常称为"闲书"，不是正经书。词为"诗余"，曲又是"词余"；称为"余"当然也不是正经的了。鸳鸯蝴蝶派的小说意在供人们茶余酒后消遣，倒是中国小说的正宗。中国小说一向以"志怪""传奇"为主。"怪"和"奇"都不是正经的东西。明朝人编的小说总集有所谓"三言二拍"。"二拍"是初刻和二刻的《拍案惊奇》，重在"奇"得显然。"三言"是《喻世明言》《警世通言》《醒世恒言》，虽然重在"劝俗"，但是还是先得使人们"惊奇"，才能收到"劝俗"的效果，所以后来有人从"三言二拍"里选出若干篇另编一集，就题为《今古奇观》，还是归到"奇"上。这个"奇"正是供人们茶余酒后消遣的。

明清的小说渊源于宋朝的"说话"，"说话"出于民间。词曲（包括戏曲）原也出于民间。民间文学是被压迫的人民苦中作乐，忙里偷闲的表现，所以常常扮演丑角，嘲笑自己或夸张自己，因此多带着滑稽和诞妄的气氛，这就不正经了。在中国文学传统自己的范围里，只有诗文（包括赋）算是正经的，严肃的，虽然放在道统里还只算是小道。词经过了高度的文人化，特别是清朝常州派的努力，总算带上一些正经面孔了，小说和曲（包括戏曲）直到新文学运动的前夜，却还是丑角打扮，站在不要紧的地位。固然，小说早就有劝善惩恶的话头，明朝人所谓"喻世"等等，更特别加以强调。这也是在想"载道"，然而"奇"胜于"正"，到底不成。明朝公安派又将《水浒》比《史记》，这是从文章的"奇变"上看；可是文章在道统里本不算什么，"奇变"怎么能扯得上"正经"呢？然而看法到底有些改变了。到了清朝末年，梁启超先生指出了"小说与群治之关系"，并提倡实践他的理论的创作。这更是跟新文学运动一脉相承了。

新文学运动以斗争的姿态出现，它必然是严肃的。他们要给白话文争取正宗的地位，要给文学争取独立的地位。而鲁迅先生的第一篇小说《狂人日记》里喊出了"吃人的礼教"和"救救孩子"，开始了反封建的工作。他的《随感录》又强烈地讽刺着老中国的种种病根子。一方面人道主义也在文学里普遍地表现着。文学担负起新的使命；配合了五四运动，它更跳上了领导的地位，虽然不是唯一的领导的地位。于是文学有了独立存在的理由，也有了新的意念。在这情形下，词曲升格为诗，小说和戏曲也升格为文学。这自然接受了"外国的影响"，然而这也未尝不是"载道"；不过载的是新的道，并且与这个新的道合为一体，不分主从。所以从传统方面看来，也还算是一脉相承的。一方面攻击"文以载道",一方面自己也在载另一种道,这正是相反相成,所谓矛盾的发展。

创造社的浪漫的感伤的作风,在反封建的工作之下要求自我的解放,也是自然的趋势。他们强调"动的精神",强调"灵肉冲突",是依然在严肃地正视着人生的。然而礼教渐渐垮了,自我在第一次世界大战带给中国的暂时的繁荣里越来越大了,于是乎知识分子讲究生活的趣味,讲究个人的好恶,讲究身边琐事,文坛上就出现了"言志派",其实是玩世派。更进一步讲究幽默,为幽默而幽默,无意义的幽默。幽默代替了严肃,文坛上一片空虚。一方面色情的作品也抬起了头,凭着"解放"的名字跨过了"健康"的边界,自然也跨过了"严肃"的边界。然而这空虚只是暂时的,正如那繁荣是暂时的。五卅事件掀起了反帝国主义的大潮,时代又沉重起来了。

接着是国民革命,接着是左右折磨;时代需要斗争,闲情逸致只好偷偷摸摸的。这时候鲁迅先生介绍了"一面是严肃与工作,一面是荒淫与无耻"这句话。这是时代的声音。可是这严肃是更其严肃了;单是态度的严肃,艺术的严肃不成,得配合工作,现实的工作。似乎就在这当儿有了"新鸳鸯蝴蝶派"的名目,指的是那些尽在那儿玩味自我的作家。他们自己并不觉得在消遣自己,跟旧鸳鸯蝴蝶派不同。更不同的是时代,是时代缩短了那"严肃"的尺度。这尺度还在争议之中,劈头来了抗战;一切是抗战,抗战自然是极度严肃的。可是抗战太沉重了,这中间不免要松一口气,这一松,尺度就放宽了些;文学带着消遣,似乎也是应该的。

胜利突然而来，时代却越见沉重了。"人民性"的强调，重行紧缩了"严肃"那尺度。这"人民性"也是一种道。到了现在，要文学来载这种道，倒也是"势有必至，理有固然"。不过太紧缩了那尺度，恐怕会犯了宋儒"作文害道"说的错误，目下黄色和粉色刊物的风起云涌，固然是动乱时代的颓废趋势，但是正经作品若是一味讲究正经，只顾人民性，不管艺术性，死板板的长面孔教人亲近不得，读者们恐怕更会躲向那些刊物里去。这是运用"严肃"的尺度的时候值得平心静气算计算计的。

原载1947年10月1日《中国作家》第1卷第1期

低级趣味

从前论人物，论诗文，常用雅俗两个词来分别。有所谓雅致，有所谓俗气。雅该原是都雅，都是城市，这个雅就是成都人说的"苏气"。俗该原是鄙俗，鄙是乡野，这个俗就是普通话里的"土气"。城里人大方，乡下人小样，雅俗的分别就在这里。引申起来又有文雅、古雅、闲雅、淡雅等等。例如说话有书卷气是文雅，客厅里摆设些古董是古雅，临事从容不迫是闲雅，打扮素净是淡雅。那么，粗话村话就是俗，美女月份牌就是俗，忙着开会应酬就是俗，重重的胭脂厚厚的粉就是俗。人如此，诗文也如此。

雅俗由于教养。城里人生活优裕的多些，他们教养好，见闻多，乡下人自然比不上。雅俗却不是呆板的。教养高可以化俗为雅。宋代诗人如苏东坡，诗里虽然用了俗词俗语，却新鲜有意思，正是淡雅一路。教养不到家而要附庸风雅，就不免做作，不能自然。从前那些斗方名士终于"雅得这样俗"，就在此。苏东坡常笑话某些和尚的诗有蔬笋气，有酸馅气。蔬笋气，酸馅气不能不算俗气。用力去写清苦求淡雅，倒不能脱俗了。雅俗是人品，也是诗文品，称为雅致，称为俗气，这"致"和"气"正指自然流露，做作不得。虽是自然流露，却非自然生成。天生的雅骨，天生的俗骨其实都没有，看生在什么人家罢了。

现在讲平等不大说什么雅俗了，却有了低级趣味这一个语。从前雅俗对峙，但是称人雅的时候多，骂人俗的时候少。现在有低级趣味，却不说高级趣味，更不敢说高等趣味。因为高等华人成了骂人的话，高得那么低，谁还敢说高等趣味！再说趣味这词也带上了刺儿，单讲趣味就不免低级，那么说高级趣味岂不自相矛盾？但是趣味究竟还和低级趣味不一样。"低级趣味"很像是日本名词，现在用在文艺批评上，似乎是指两类作品而言。一类是色情的作品，一类是玩笑的作品。

色情的作品引诱读者纵欲，不是一种"无关心"的态度，所以是低级。可是带有色情的成分而表现着灵肉冲突的，却当别论。因为灵肉冲突是人生的根本课题，作者只要认真在写灵肉冲突，而不像历来的猥亵小说在头尾装上一套劝善惩恶的话做幌子，那就虽然有些放纵，也还可以原谅。玩笑的作品油嘴滑舌，像在做双簧说相声，这种作者成了小丑，成了帮闲，有别人，没自己。他们笔底下的人生是那么轻飘飘的，所谓骨头没有四两重。这个可跟真正的幽默不同。真正的幽默含有对人生的批评，这种油嘴滑舌的玩笑，只是不择手段打哈哈罢了。这两类作品都只是迎合一般人的低级趣味来骗钱花的。

与低级趣味对峙着的是纯正严肃。我们可以说趣味纯正，但是说严肃却说态度严肃，态度比趣味要广大些。单讲趣味似乎总有点轻飘飘的；说趣味纯正却大不一样。纯就是不杂；写作或阅读都不杂有什么实际目的，只取"无关心"的态度，就是纯。正是正经，认真，也就是严肃。严肃和真的幽默并不冲突，例如《阿Q正传》；而这种幽默也是纯正的趣味。色情的和玩笑的作品都不纯正，不严肃，所以是低级趣味。

原载北平《新生报》，1946年

论雅俗共赏

陶渊明有"奇文共欣赏，疑义相与析"的诗句，那是一些"素心人"的乐事，"素心人"当然是雅人，也就是士大夫。这两句诗后来凝结成"赏奇析疑"一个成语，"赏奇析疑"是一种雅事，俗人的小市民和农家子弟是没有份儿的。然而又出现了"雅俗共赏"这一个成语，"共赏"显然是"共欣赏"的简化，可是这是雅人和俗人或俗人跟雅人一同在欣赏，那欣赏的大概不会还是"奇文"罢。这句成语不知道起于什么时代，从语气看来，似乎雅人多少得理会到甚至迁就着俗人的样子，这大概是在宋朝或者更后罢。

原来唐朝的安史之乱可以说是我们社会变迁的一条分水岭。在这之后，门第迅速地垮了台，社会的等级不像先前那样固定了，"士"

和"民"这两个等级的分界不像先前的严格和清楚了，彼此的分子在流通着，上下着。而上去的比下来的多，士人流落民间的究竟少，老百姓加入士流的却渐渐多起来。王侯将相早就没有种了，读书人到了这时候也没有种了；只要家里能够勉强供给一些，自己有些天分，又肯用功，就是个"读书种子"；去参加那些公开的考试，考中了就有官做，至少也落个绅士。

这种进展经过唐末跟五代的长期的变乱加了速度，到宋朝又加上印刷术的发达，学校多起来了，士人也多起来了，士人的地位加强，责任也加重了。这些士人多数是来自民间的新的分子，他们多少保留着民间的生活方式和生活态度。他们一面学习和享受那些雅的，一面却还不能摆脱或蜕变那些俗的。人既然很多，大家是这样，也就不觉其寒碜；不但不觉其寒碜，还要重新估定价值，至少也得调整那旧来的标准与尺度。"雅俗共赏"似乎就是新提出的尺度或标准，这里并非打倒旧标准，只是要求那些雅士理会到或迁就些俗士的趣味，好让大家打成一片。当然，所谓"提出"和"要求"，都只是不自觉的看来是自然而然的趋势。

中唐的时期，比安史之乱还早些，禅宗的和尚就开始用口语记录大师的说教。用口语为的是求真与化俗，化俗就是争取群众。安史乱后，和尚的口语记录更其流行，于是乎有了"语录"这个名称，"语录"就成为一种著述体了。

到了宋朝，道学家讲学，更广泛的留下了许多语录；他们用语录，也还是为了求真与化俗，还是为了争取群众。所谓求真的"真"，一面是如实和直接的意思。禅家认为第一义是不可说的。语言文字都不能表达那无限的可能，所以是虚妄的。然而实际上语言文字究竟是不免要用的一种"方便"，记录文字自然越近实际的、直接的说话越好。在另一面这"真"又是自然的意思，自然才亲切，才让人容易懂，也就是更能收到化俗的功效，更能获得广大的群众。道学主要的是中国的正统的思想，道学家用了语录做工具，大大地增强了这种新的文体的地位，语录就成为一种传统了。

比语录体稍稍晚些，还出现了一种宋朝叫作"笔记"的东西。这种作品记述有趣味的杂事，范围很宽，一方面发表作者自己的意见，所谓议论，也就是批评，这些批评往往也很有趣味。作者写这种书，只当作对客闲谈，并非一本正经，虽然以文言为主，可是很接近说话。这也是给大家看的，看了可以当作"谈助"，增加趣味。宋朝的笔记最发达，当时盛行，流传下来的也很多。目录家将这种笔记归在"小说"项下，近代书店汇印这些笔记，更直题为"笔记小说"；中国古代所谓"小说"，原是指记述杂事的趣味作品而言的。

那里我们得特别提到唐朝的"传奇"。"传奇"据说可以见出作者的"史才、诗笔、议论"，是唐朝士子在投考进士以前用来送给一些大人先生看，介绍自己，求他们给自己宣传的。其中不外乎灵怪、艳情、剑侠三类故事，显然是以供给"谈助"，引起趣味为主。无论照传统的意念，或现代的意念，这些"传奇"无疑的是小说，一方面也和笔记的写作态度有相类之处。

照陈寅恪先生的意见，这种"传奇"大概起于民间，文士是仿作，文字里多口语化的地方。陈先生并且说唐朝的古文运动就是从这儿开始。他指出古文运动的领导者韩愈的《毛颖传》，正是仿"传奇"而作。我们看韩愈的"气盛言宜"的理论和他的参差错落的文句，也正是多多少少在口语化。他的门下的"好难""好易"两派，似乎原来也都是在试验如何口语化。可是"好难"的一派过分强调了自己，过分想出奇制胜，不管一般人能够了解欣赏与否，终于被人看作"诡"和"怪"而失败，于是宋朝的欧阳修继承了"好易"的一派的努力而奠定了古文的基础。——以上说的种种，都是安史乱后几百年间自然的趋势，就是那雅俗共赏的趋势。

宋朝不但古文走上了"雅俗共赏"的路，诗也走向这条路。胡适之先生说宋诗的好处就在"作诗如说话"，一语破的指出了这条路。自然，这条路上还有许多曲折，但是就像不好懂的黄山谷，他也提出了"以俗为雅"的主张，并且点化了许多俗语成为诗句。实践上"以俗为雅"，并不从他开始，梅圣俞、苏东坡都是好手，而苏东坡更胜。据记载梅和苏都说过"以俗为雅"这句话，可是不大靠得住；黄山谷却在《再次杨明叔韵》一诗的"引"里郑重的提出"以俗为雅，以故为新"，说是"举一纲而张万目"。他将"以俗为雅"放在第一，因为这实在可以说是宋诗的一般作风，也正是"雅俗共赏"的路。但是加上"以故为新"，路就曲折起来，那是雅人自赏，黄山谷所以终于不好懂了。不过黄山谷虽然不好懂，宋诗却终于回到了"作诗如说话"的路，这"如说话"，的确是条大路。

雅化的诗还不得不回向俗化，刚刚来自民间的词，在当时不用说自然是"雅俗共赏"的。别瞧黄山谷的有些诗不好懂，他的一些小词可够俗的。柳耆卿更是个通俗的词人。词后来虽然渐渐雅化或文人化，可是始终不能雅到诗的地位，它怎么着也只是"诗余"。词变为曲，不是在文人手里变，是在民间变的；曲又变得比词俗，虽然也经过雅化或文人化，可是还雅不到词的地位，它只是"词余"。

一方面从晚唐和尚的俗讲演变出来的宋朝的"说话"就是说书，乃至后来的平话以及章回小说，还有宋朝的杂剧和诸宫调等等转变成功的元朝的杂剧和戏文，乃至后来的传奇，以及皮簧戏，更多半是些"不登大雅"的"俗文学"。这些除元杂剧和后来的传奇也算是"词余"以外，在过去的文学传统里简直没有地位；也就是说这些小说和戏剧在过去的文学传统里多半没有地位，有些有点地位，也不是正经地位。可是虽然俗，大体上却"俗不伤雅"，虽然没有什么地位，却总是"雅俗共赏"的玩意儿。

"雅俗共赏"是以雅为主的，从宋人的"以俗为雅"以及常语的"俗不伤雅"，更可见出这种宾主之分。起初成群俗士蜂拥而上，固然逼得原来的雅士不得不理会到甚至迁就着他们的趣味，可是这些俗士需要摆脱的更多。他们在学习，在享受，也在蜕变，这样渐渐适应那雅化的传统，于是乎新旧打成一片，传统多多少少变了质继续下去。前面说过的文体和诗风的种种改变，就是新旧双方调整的过程，结果迁就的渐渐不觉其为迁就，学习的也渐渐习惯成了自然，传统的确稍稍变了质，但是还是文言或雅言为主，就算跟民众近了一些，近得也不太多。

至于词曲，算是新起于俗间，实在以音乐为重，文辞原是无关轻重的："雅俗共赏"，正是那音乐的作用。后来雅士们也曾分别将那些文辞雅化，但是因为音乐性太重，使他们不能完成那种雅化，所以词曲终于不能达到诗的地位。而曲一直配合着音乐，雅化更难，地位也就更低，还低于词一等。可是词曲到了雅化的时期，那"共赏"的人却就雅多而俗少了。真正"雅俗共赏"的是唐、五代、北宋的词，元朝的散曲和杂剧，还有平话和章回小说以及皮簧戏等。皮簧戏也是音乐为主，大家直到现在都还在哼着那些粗俗的戏词，所以雅化难以下手，虽然一二十年来这雅化也已经试着在开始。平话和章回小说，传统里本来没有，雅化没有合适的榜样，进行就不易。

《三国演义》虽然用了文言，却是俗化的文言，接近口语的文言，后来的《水浒》《西游记》《红楼梦》等就都用白话了。不能完全雅化的作品在雅化的传统里不能有地位，至少不能有正经的地位。雅化程度的深浅，决定这种地位的高低或有没有，一方面也决定"雅俗共赏"的范围的小和大——雅化越深，"共赏"的人越少，越浅也就越多。所谓多少，主要的是俗人，是小市民和受教育的农家子弟。在传统里没有地位或只有低地位的作品，只算是玩意儿；然而这些才接近民众，接近民众却还能教"雅俗共赏"，雅和俗究竟有共通的地方，不是不相理会的两橛了。

单就玩意儿而论，"雅俗共赏"虽然是以雅化的标准为主，"共赏"者却以俗人为主。固然，这在雅方得降低一些，在俗方也得提高一些，要"俗不伤雅"才成；雅方看来太俗，以至于"俗不可耐"

的，是不能"共赏"的。但是在什么条件之下才会让俗人所"赏"的，雅人也能来"共赏"呢？我们想起了"有目共赏"这句话。孟子说过"不知子都之姣者，无目者也"，"有目"是反过来说，"共赏"还是陶诗"共欣赏"的意思。子都的美貌，有眼睛的都容易辨别，自然也就能"共赏"了。孟子接着说："口之于味也，有同耆焉；耳之于声也，有同听焉；目之于色也，有同美焉。"这说的是人之常情，也就是所谓人情不相远。但是这不相远似乎只限于一些具体的、常识的、现实的事物和趣味。譬如北平罢，故宫和颐和园，包括建筑、风景和陈列的工艺品，似乎是"雅俗共赏"的，天桥在雅人的眼中似乎就有些太俗了。

说到文章，俗人所能"赏"的也只是常识的、现实的。后汉的王充出身是俗人，他多多少少代表俗人说话，反对难懂而不切实用的辞赋，却赞美公文能手。公文这东西关系雅俗的现实利益，始终是不曾完全雅化了的。再说后来的小说和戏剧，有的雅人说《西厢记》诲淫，《水浒传》诲盗，这是"高论"。实际上这一部戏剧和这一部小说都是"雅俗共赏"的作品。《西厢记》无视了传统的礼教，《水浒传》无视了传统的忠德，然而"男女"是"人之大欲"之一，"官逼民反"，也是人之常情，梁山泊的英雄正是被压迫的人民所想望的。俗人固然同情这些，一部分的雅人，跟俗人相距还不太远的，也未尝不高兴这两部书说出了他们想说而不敢说的。这可以说是一种快感，一种趣味，可并不是低级趣味；这是有关系的，也未尝不是有节制的。"诲淫""诲盗"只是代表统治者的利益的说话。

十九世纪二十世纪之交是个新时代，新时代给我们带来了新文化，产生了我们的知识阶级。这知识阶级跟从前的读书人不大一样，包括了更多的从民间来的分子，他们渐渐跟统治者拆伙而走向民间。于是乎有了白话正宗的新文学，词曲和小说戏剧都有了正经的地位。还有种种欧化的新艺术。这种文学和艺术却并不能让小市民来"共赏"，不用说农工大众。于是乎有人指出这是新绅士也就是新雅人的欧化，不管一般人能够了解欣赏与否。他们提倡"大众语"运动。但是时机还没有成熟，结果不显著。抗战以来又有"通俗化"运动，这个运动并已经在开始转向大众化。"通俗化"还分别雅俗，还是"雅俗共赏"的路，大众化却更进一步要达到那没有雅俗之分，只有"共赏"的局面。这大概也会是所谓由量变到质变罢。

原载 1947 年 11 月 18 日《观察》第 3 卷第 11 期

论通俗化

文体通俗化运动起于清朝末年。那时维新的士人急于开通民智，一方面创了报章文体，所谓"新文体"，给受过教育的人说教，一方面用白话印书办报，给识得些字的人说教，再一方面推行官话字母等给没有受过教育的人说教。前两种都是文体的通俗化，后一种虽然注重在新的文字，但就写成的文体而论，也还是通俗化。

这种用字母拼写的文体，在当时所能表现的题材大概是有限的。据记载，这种字母的确曾经深入农村，农民会用字母来写便条，那大概是些很简单的话。最复杂的自然的"新文体"，可是通俗性大概也就比较小。居中的是那些白话书报。这种白话我看到的不多，就记得的来说，好像明白详尽、老老实实、直来直去。好像从语录和白话小说化出；我们这些人读起来大概没有什么味儿。

原来这种白话只是给那些识得些字的人预备的，士人们自己是不屑用的。他们还在用他们的"雅言"，就是古文，最低限度也得用"新文体"，俗语的白话只是一种慈善文体罢了。然而革命了，民国了，新文学运动了，胡适之先生和陈独秀先生主张白话是正宗的文学用语，大家该一律用白话作文，不该有士和民的分别。五四运动加速了新文学运动的成功，白话真的成为正宗的文学用语。而"新文体"也渐渐地在白话化，留心报纸的文体就可以知道。"一律用白话来作文"的日子大概也不远了。

胡先生等提倡的白话，大概还是用语录和白话小说等做底子，只是这时代的他们接受了西化，思想精密了，文章也简洁了。他们将雅俗一元化，而注重在"明白"或"懂得性"上，这也可以说是平民化。然而"欧化"来了，"新典主义"来了。这配合着第一次世界大战给中国带来的暂时的繁荣，和在这繁荣里知识阶级生活欧化或现代化的趋向，也是"势有必至，理有固然。"于是乎已故的宋阳先生指出这是绅士们的白话，他提倡"大众语"，这当儿更有人提倡拼音的"新文字"。这不是通俗化而是大众化。而大众就是大众，再没有"雅"的份儿。

然而那时候这还只能够是理想；大众不能写作，写作的还只是些知识分子。于是乎先试验着从利用民间的旧形式下手，抗战后并且有过一回民族形式的讨论。讨论的结果似乎是：民族形式可以利用，但是还接受"五四"的文学传统，还容许相当的欧化。这时候又有人提倡"通俗文学"，就是利用民族形式的文学。不但提倡，并且写作。参加的人有些的确熟悉民族形式，认真地做去。但是他们将通俗文学和一般文学分开，不免落了"雅俗"的老套子。于是有人指出，通俗文学的目标该是一元的；扬弃知识阶级的绅士身份，提高大众的鉴赏水准，这样打成一片，平民化，大众化。

但是说来容易做来难。民间文学虽然有天真、朴素、健康等长处，却也免不了丑角气氛，套语滥调，琐屑啰唆等毛病。这是封建社会麻痹了民众才如此的。利用旧形式而要免去这些毛病，的确很难。除非民众的生活大大地改变，他们自己先在旧瓶里装上新酒，那么用起旧形式来意义才会不同。这自然还是从知识分子方面看，因为从民众里培养出作家，现在还只是理想。不过就是民众生活改变了，知识分子还得和他们共同生活一个时期，多少打成一片，用起旧形式来，才能有血有肉。所以真难。

再说普通所谓旧形式，大概指的是韵文，散文似乎只是说书：这就是说散文是比较的不发达的。原来民众欣赏文艺，一向以音乐性为主，所以对韵文的要求大。他们要故事，但是情节得简单，得有头有尾。描写不要精细曲折，可是得详尽，得全貌。这两种要求并不冲突，因为情节尽管简单，每一个情节或人物还不妨详尽的描写。至于整个故事组织不匀称，他们倒不在乎的。韵文故事如此，散文的更得如此，这就难。

然而有些地方的民众究竟大变了，他们自己先在旧瓶里装上新酒，例如赵树理先生《李有才板话》里的那些段"快板"的语句。这些快板也许多少经过赵先生的润色，但是相信他根据的，原来就已经是旧瓶里的新酒。有了那种生活，才有那种农民，才有那种快板，才有快板里那种新的语言。赵先生和那些农民共同生活了很久，也才能用新的语言写出书里的那些新的故事。这里说"新的语言",因为快板和那些故事的语言或文体都尽量扬弃了民族形式的封建气氛,而采取了改变中的农民的活的口语。自己正在觉醒的人民,特别宝爱自己的语言,但是李有才这些人还不能自己写作,他们需要赵先生这样的代言人。

赵树理(1906—1970),原名赵树礼,山西沁水县尉迟村人,现代著名小说家、人民艺术家。他的小说多以华北农村为背景,反映农村社会的变迁和存在其间的矛盾斗争,塑造农村各式人物的形象,开创的文学"山药蛋派",成为新中国文学史上最重要、最有影响的文学流派之一。书里的快板并不多,是以散文为主。朴素,健康,而不过火,确算得新写实主义的作风。故事简单,有头有尾,有血有肉。描写差不多没有,偶然有,也只就那农村生活里取喻,简捷了当,可是新鲜有味。另有长篇《李家庄的变迁》,也是赵先生写的。周扬先生认为赶不上《板话》里那些短篇完整。这里有了比较详尽的描写,故事也有头有尾,虽然不太简单,可是作者利用了重复的手法,就觉得也还单纯。这重复的手法正是主要的民族形式:作者能够活用,就不腻味。而全书文体或语言还能够庄重,简明,不啰唆。这也就不易了。这的确是在结束通俗化而开始了大众化。

原载《燕京新闻》,1947年

论百读不厌

前些日子参加了一个讨论会,讨论赵树理先生的《李有才板话》。座中一位青年提出了一件事实:他读了这本书觉得好,可是不想重读一遍。大家费了一些时候讨论这件事实。有人表示意见,说不想重读一遍,未必减少这本书的好,未必减少它的价值。但是时间匆促,大家没有达到明确的结论。一方面似乎大家也都没有重读过这本书,并且似乎从没有想到重读它。然而问题不但关于这一本书,而是关于一切文艺作品。为什么一些作品有人"百读不厌",另一些却有人不想读第二遍呢?是作品的不同吗?是读的人不同吗?如果是作品不同,"百读不厌"是不是作品评价的一个标准呢?这些都值得我们思索一番。

苏东坡有《送安惇秀才失解西归》诗,开头两句是:

> 旧书不厌百回读,
> 熟读深思子自知。

"百读不厌"这个成语就出在这里。"旧书"指的是经典,所以要"熟读深思"。《三国志·魏志·王肃传·注》:

> 人有从(董遇)学者,遇不肯教,而云"必当先读百遍"。言"读书百遍而义自见"。

经典文字简短,意思深长,要多读,熟读,仔细玩味,才能了解和体会。所谓"义自见","子自知",着重自然而然,这是不能着急的。这诗句原是安慰和勉励那考试失败的安惇秀才的话,劝他回家再去安心读书,说"旧书"不嫌多读,越读越玩味越有意思。固然经典值得"百回读",但是这里着重的还在那读书的人。简化成"百读不厌"这个成语,却就着重在读的书或作品了。这成语常跟另一成语"爱不释手"配合着,在读的时候"爱不释手",读过了以后"百读不厌"。这是一种赞词和评语,传统上确乎是一个评价的标准。当然,"百读"只是"重读""多读""屡读"的意思,并不一定一遍接着一遍地读下去。

经典给人知识,教给人怎样做人,其中有许多语言的、历史的、修养的课题，有许多注解，此外还有许多相关的考证，读上百遍，也未必能够处处贯通，教人多读是有道理的。但是后来所谓"百读不厌"，往往不指经典而指一些诗，一些文，以及一些小说；这些作品读起来津津有味，重读，屡读也不腻味，所以说"不厌"："不厌"不但是"不讨厌"，并且是"不厌倦"。

诗文和小说都是文艺作品，这里面也有一些语言和历史的课题，诗文也有些注解和考证；小说方面呢，却直到近代才有人注意这些课题，于是也有了种种考证。但是过去一般读者只注意诗文的注解，不大留心那些课题，对于小说更其如此。他们集中在本文的吟诵或浏览上。这些人吟诵诗文是为了欣赏，甚至于只为了消遣，浏览或阅读小说更只是为了消遣，他们要求的是趣味，是快感。这跟诵读经典不一样。诵读经典是为了知识，为了教训，得认真，严肃，正襟危坐地读，不像读诗文和小说可以马马虎虎的，随随便便的，在床上，在火车轮船上都成。这么着可还能够教人"百读不厌"，那些诗文和小说到底是靠了什么呢？

在笔者看来，诗文主要是靠了声调，小说主要是靠了情节。过去一般读者大概都会吟诵，他们吟诵诗文，从那吟诵的声调或吟诵的音乐得到趣味或快感，意义的关系很少；只要懂得字面儿，全篇的意义弄不清楚也不要紧的。梁启超先生说过李义山的一些诗，虽然不懂得究竟是什么意思，可是读起来还是很有趣味（大意）。

这种趣味大概一部分在那些字面儿的影像上，一部分就在那七言律诗的音乐上。字面儿的影像引起人们奇丽的感觉；这种影像所表示的往往是珍奇、华丽的景物，平常人不容易接触，所谓"七宝楼台"之类。民间文艺里常常见到的"牙床"等等，也正是这种作用。民间流行的小调以音乐为主，而不注重词句，欣赏也偏重在音乐上，跟吟诵诗文也正相同。

感觉的享受似乎是直接的，本能的，即使是字面儿的影像所引起的感觉，也还多少有这种情形，至于小调和吟诵，更显然直接诉诸听觉，难怪容易唤起普遍的趣味和快感。至于意义的欣赏，得靠综合诸感觉的想象力，这个得有长期的教养才成。然而就像教养很深的梁启超先生，有时也还让感觉领着走，足见感觉的力量之大。

小说的"百读不厌"，主要是靠了故事或情节。人们在儿童时代就爱听故事，尤其爱奇怪的故事。成人也还是爱故事，不过那情节得复杂些。这些故事大概总是神仙、武侠、才子、佳人，经过种种悲欢离合，而以大团圆终场。悲欢离合总得不同寻常，那大团圆才足奇。

小说本来起于民间，起于农民和小市民之间。在封建社会里，农民和小市民是受着重重压迫的，他们没有多少自由，却有做白日梦的自由。他们寄托他们的希望于超现实的神仙，神仙化的武侠，以及望之若神仙的上层社会的才子佳人；他们希望有朝一日自己会变成这样的人物。这自然是不能实现的奇迹，可是能够给他们安慰、趣味和快感。他们要大团圆，正因为他们一辈子是难得大团圆的，奇情也正是常情啊。他们同情故事中的人物，"设身处地"的"替古人担忧"，这也因为事奇人奇的缘故。过去的小说似乎始终没有完全移交到士大夫的手里。士大夫读小说，只是看闲书，就是作小说，也只是游戏文章，总而言之，消遣而已。他们得化装为小市民来欣赏，来写作；在他们看，小说奇于事实，只是一种玩意儿，所以不能认真、严肃，只是消遣而已。

封建社会渐渐垮了，五四时代出现了个人，出现了自我，同时成立了新文学。新文学提高了文学的地位；文学也给人知识，也教给人怎样做人，不是做别人的，而是做自己的人。可是这时候写作新文学和阅读新文学的，只是那变了质的下降的士和那变了质的上升的农民和小市民混合成的知识阶级，别的人是不愿来或不能来参加的。

而新文学跟过去的诗文和小说不同之处，就在它是认真的负着使命。早期的反封建也罢，后来的反帝国主义也罢，写实的也罢，浪漫的和感伤的也罢，文学作品总是一本正经地在表现着并且批评着生活。这么着文学扬弃了消遣的气氛，回到了严肃——古代贵族的文学如《诗经》，倒本来是严肃的。这负着严肃的使命的文学，自然不再注重"传奇"，不再注重趣味和快感，读起来也得正襟危坐，跟读经典差不多，不能再那么马马虎虎、随随便便的。但是究竟是形象化的，诉诸情感的，跟经典以冰冷的、抽象的、理智的教训为主不同，又是现代的白话，没有那些语言的和历史的问题，所以还能够吸引许多读者自动去读。不过教人"百读不厌"甚至教人想去重读一遍的作用，的确是很少了。

新诗或白话诗、白话文，都脱离了那多多少少带着人工的、音乐的声调，而用着接近说话的声调。喜欢古诗、律诗和骈文、古文的失望了，他们尤其反对这不能吟诵的白话新诗；因为诗出于歌，一直不曾跟音乐完全分家，他们是不愿扬弃这个传统的。然而诗终于转到意义中心的阶段了。古代的音乐是一种说话，所谓"乐语"，后来的音乐独立发展，变成"好听"为主了。

现在的诗既负上自觉的使命，它得说出人人心中所欲言而不能言的，自然就不注重音乐而注重意义了。——一方面音乐大概也在渐渐注重意义，回到说话罢？——字面儿的影像还是用得着，不过一般的看起来，影像本身，不论是鲜明的，朦胧的，可以独立的诉诸感觉的，是不够吸引人了；影像如果必需得用，就要配合全诗的各部分完成那中心的意义，说出那要说的话。在这动乱时代，人们着急要说话，因为要说的话实在太多。

小说也不注重故事或情节了，它的使命比诗更见分明。它可以不靠描写，只靠对话，说出所要说的。这里面神仙、武侠、才子、佳人，都不大出现了，偶然出现，也得打扮成平常人；是的，这时候的小说人物，主要是些平常人，这是平民世纪啊。至于文，长篇议论文发展了工具性，让人们更如意地也更精密地说出他们的话，但是这已经成为诉诸理性的了。诉诸情感的是那发展在后的小品散文，就是那标榜"生活的艺术"，抒写"身边琐事"的。这倒是回到趣味中心，企图着教人"百读不厌"的，确乎也风行过一时。然而时代太紧张了，不容许人们那么悠闲；大家嫌小品文近乎所谓"软性"，丢下了它去找那"硬性"的东西。

文艺作品的读者变了质了，作品本身也变了质了，意义和使命压下了趣味，认识和行动压下了快感。这也许就是所谓"硬"的解释。

"硬性"的作品得一本正经地读，自然就不容易让人"爱不释手""百读不厌"。于是"百读不厌"就不成其为评价的标准了，至少不成其为主要的标准了。但是文艺是欣赏的对象，它究竟是形象化的，诉诸情感的，怎么"硬"也不能"硬"到和论文或公式一样。

诗虽然不必再讲那带几分机械性的声调，却不能不讲节奏，说话不也有轻重高低快慢吗？节奏合式，才能集中，才能够高度集中。文也有文的节奏，配合着意义使意义集中。小说是不注重故事或情节了，但也总得有些契机来表现生活和批评它；这些契机得费心思去选择和配合，才能够将那要说的话、要传达的意义，完整地说出来，传达出来。集中了的完整了的意义，才见出情感，才让人乐意接受，"欣赏"就是"乐意接受"的意思。能够这样让人欣赏的作品是好的，是否"百读不厌"，可以不论。在这种情形之下，笔者同意：《李有才板话》即使没有人想重读一遍，也不减少它的价值，它的好。

但是在我们的现代文艺里，让人"百读不厌"的作品也有的。例如鲁迅先生的《阿Q正传》，茅盾先生的《幻灭》《动摇》《追求》三部曲，笔者都读过不止一回，想来读过不止一回的人该不少罢。在笔者本人，大概是《阿Q正传》里的幽默和三部曲里的几个女性吸引住了我。这几个作品的好已经定论，它们的意义和使命大家也都熟悉，这里说的只是它们让笔者"百读不厌"的因素。《阿Q正传》主要的作用不在幽默，那三部曲的主要作用也不在铸造几个女性，但是这些却可能产生让人"百读不厌"的趣味。这种趣味虽然不是必要的，却也可以增加作品的力量。不过这里的幽默绝不是油滑的，无聊的，也绝不是为幽默而幽默，而女性也决不就是色情，这个界限是得弄清楚的。

抗战期中，文艺作品尤其是小说的读众大大地增加了。增加的多半是小市民的读者，他们要求消遣，要求趣味和快感。扩大了的读众，有着这样的要求也是很自然的。长篇小说的流行就是这个要求的反应，因为篇幅长，故事就长，情节就多，趣味也就丰富了。这可以促进长篇小说的发展，倒是很好的。可是有些作者却因为这样的要求，忘记了自己的边界，放纵到色情上，以及粗劣的笑料上，去吸引读众，这只是迎合低级趣味。而读者贪读这一类低级的软性的作品，也只是沉溺，说不上"百读不厌"。"百读不厌"究竟是个赞词或评语，虽然以趣味为主，总要是纯正的趣味才说得上的。

原载 1947 年 11 月 15 日《文讯》月刊第 7 卷第 5 期

短长书

书业的朋友谈起好销的书,总说翻译的长篇小说第一,创作的长篇小说第二;短篇小说和散文,似乎顾主很少,加上戏剧也重多幕剧,诗也提倡长诗(虽然诗的销路并不佳),都可见近年读书的风气。这些都只是文学书。这两三年出版的书,文学书占第一位,已有人讨论(见《大公报》);文学书里,读者偏爱长篇小说,翻译的和创作的,这一层好像还少有人讨论。本文想略述鄙见。

有人说这是因为钱多,有人说这是因为书少。钱多,购买力强,买得起大部头的书;而买这些书的并不一定去读,他们也许只为了装饰,就像从前人买《二十四史》陈列在书架上一样。书少,短篇一读即尽,不过瘾,不如长篇可以消磨时日。这两种解释都有几分真理,但显然不充分,何以都只愿花在长篇小说上?再说买这类书的多半是青年，也有些中年。他们还在就学或服务，一般都没有定居；在那一间半间的屋子里还能发生装饰或炫耀的兴趣的，大概不太多。他们买这类书，大概是为了读。至于书少，诚然。但也不一定因此就专爱读起长篇小说来，况且短篇集也可以很长，也可以消磨时日，为什么却少人过问呢？

主要的原因怕是喜欢故事。故事没有理论的艰深，也不会惹起麻烦，却有趣味，长篇故事里悲欢离合，层折错综，更容易引起浓厚的趣味，这种对于趣味的要求，其实是一种消遣心理。至于翻译的长篇故事更受欢迎，恐怕多少是电影的影响。

电影普遍对于男女青年的影响有多大，一般人都觉得出；现在青年的步法、歌声，以至于趣味和思想，或多或少都在电影化。抗战以来看电影的更是满坑满谷，这就普遍化了故事的趣味（话剧的发达，也和电影有关，这里不能详论）。我们这个民族本不注重说故事，第一次从印度学习，就是从翻译的佛典学习（闻一多先生说）；现在是从西洋学习。学生暂时自然还赶不上老师，所以一般读者喜爱翻译的长篇小说，更甚于创作者。当然，现在的译笔注重流畅而不注重风格，使读者不致劳苦，而现在的一般读者从电影的对话里也渐渐习惯了西洋人怎样造句和措辞，才能达到这地步。

现在中国文学里，小说最为发达，进步最快，原已暗示读者对于故事的爱好。但这个倾向直到近年来读者群的扩大才显明可见。读者群的扩大，指的是学生之外加上了青年和中年的公务人员和商人。这些人在小学或中学时代的读物里接触了现代中国文学，所以会有这种爱好。

读者群的扩大不免暂时降低文学的标准，减少严肃性而增加消遣作用。现代中国文学开始的时候，强调严肃性，指斥消遣态度，这是对的。当时注重短篇小说，后来注重小品散文，多少也是为了训练读者吟味那严肃的意义，欣赏那经济的技巧。这些是文学的基本条件。但将欣赏和消遣分作两橛，使文学的读者老得正襟危坐着，也未免苦点儿。长篇小说的流行，却让一般读者只去欣赏故事或情节，忽略意义和技巧，而得到娱乐；娱乐就是消遣作用，但这不足忧，普及与提高本相因依。普及之后尽可渐渐提高，趣味跟知识都是可以进步的。况且现在中国文学原只占据了偏小的一角，普及起来才能与公众生活密切联系，才能有坚实的基础，取旧的传统文学和民间文学而代之。

文学不妨见仁见智，完美的作品尽可以让严肃的看成严肃，消遣的看成消遣，而无害于它的本来的价值。这本来的价值却不但得靠严肃的研究，并且得靠消遣的研究，才能抉发出来。这是书评家和批评家的职责，而所谓书评和批评包括介绍而言，我们现时缺乏书评（有些只是戏台里喝彩，只是广告，不能算数），更缺乏完美的公正的批评。前者跟着战区的恢复，出版的增进，应该就可以发达起来，后者似乎还需较长时期的学习与培养。有了好的书评家和批评家，才能提高读者群的趣味，促进文学平衡的发展；那时不论短长书，该都有能欣赏的公众。但就现阶段而论，前文所说的倾向却是必然的，并且也是健康的。

原载《语文零拾》

诗的形式

二十多年来写新诗的和谈新诗的都放不下形式的问题，直到现在，新诗的提倡从破坏旧诗词的形式下手。胡适之先生提倡自由诗，主张"自然的音节"。但那时的新诗并不能完全脱离旧诗词的调子，还有些利用小调的音节的。完全用白话调的自然不少，诗行多长短不齐，有时长到二十几个字，又多不押韵。这就很近乎散文了。那时刘半农先生已经提议"增多诗体"，他主张创造与输入双管齐下。不过没有什么人注意。十二年陆志韦先生的《渡河》出版，他试验了许多外国诗体，有相当的成功；有一篇《我的诗的躯壳》，说明他试验的情形。他似乎很注意押韵，但还是觉得长短句最好。那时正在盛行小诗——自由诗的极端——他的试验也没有什么人注意。这里得特别提到郭沫若先生，他的诗多押韵，诗行也相当整齐。他的诗影响很大，但似乎只在那泛神论的意境上，而不在形式上。

"自然的音节"近于散文而没有标准——除了比散文句子短些，紧凑些。一般人，不但是反对新诗的人，似乎总愿意诗距离散文远些，有它自己的面目。十四年北平《晨报·诗刊》提倡的格律诗能够风行一时，便是为此。《诗刊》主张努力于"新形式与新音节的发现"（《诗刊》弁言），代表人是徐志摩、闻一多两位先生。徐先生试验各种外国诗体，他的才气足以驾驭这些形式，所以成绩斐然。而"无韵体"的运用更能达到自然的地步。这一体可以说已经成立在中国诗里。但新理论的建立得靠闻先生。他在《诗的格律》一文里主张诗要有"建筑的美"；这包括"节的匀称""句的均齐"。要达到这种匀称和均齐，便得讲究格式、音尺、平仄、韵脚等。如他的《死水》诗的两头行：

这是一沟绝望的死水，
清风吹不起半点涟漪。

两行都由三个"二音尺"和一个"三音尺"组成，而安排不同。这便是"句的均齐"的一例。他也试验种种外国诗体，成绩也很好。后来又翻译白朗宁夫人十四行诗几十首，发表在《新月杂志》上；他给这种形式以"商籁体"的新译名。他是第一个使人注意"商籁"的人。

闻、徐两位先生虽然似乎只是输入外国诗体和外国诗的格律说，可是同时在创造中国新诗体，指示中国诗的新道路。他们主张的格律不像旧诗词的格律这样呆板；他们主张"相体裁衣"，多创格式。那时的诗便多向"匀称""均齐"一路走。但一般似乎只注重诗行的相等的字数而忽略了音尺等，驾驭文字的力量也还不足；因此引起"方块诗"甚至"豆腐干诗"等嘲笑的名字。

一方面有些诗行还是太长。这当儿李金发先生等的象征诗兴起了。他们不注重形式而注重词的色彩与声音。他们要充分发挥词的暗示的力量：一面创造新鲜的隐喻，一面参用文言的虚字，使读者不致滑过一个词去。他们是在向精细的地方发展。这种作风表面上似乎回到自由诗，其实不然；可是规律运动却暂时像衰歇了似的。一般的印象好像诗只需"相体裁衣"，讲格律是徒然。

但格律运动实在已经留下了不灭的影响。只看抗战以来的诗，一面虽然趋向散文化，一面却也注意"匀称"和"均齐"，不过并不一定使各行的字数相等罢了。艾青和臧克家两位先生的诗都可作例；前者似乎多注意在"匀称"上，后者却兼注意在"均齐"上。而去年出版的卞之琳先生的《十年诗草》，更使我们知道这些年里诗的格律一直有人在试验着。从陆志韦先生起始，有志试验外国种种诗体的，徐、闻两先生外，还该提到梁宗岱先生，卞先生是第五个人。他试验过的诗体大概不比徐志摩先生少。而因为有前头的人做镜子，他更能融会那些诗体来写自己的诗。第六个人是冯至先生，他的《十四行集》也在去年出版；这集子可以说建立了中国十四行的基础，使得向来怀疑这诗体的人也相信它可以在中国诗里活下去。无韵体和十四行（或商籁）值得继续发展；别种外国诗体也将融化在中国诗里。这是模仿，同时是创造，到了头都会变成我们自己的。

无论是试验外国诗体或创造"新格式与新音节",主要的是在求得适当的"匀称"和"均齐"。自由诗只能作为诗的一体而存在,不能代替"匀称""均齐"的诗体,也不能占到比后者更重要的地位。外国诗如此,中国诗不会是例外。这个为的是让诗和散文距离远些。原来诗和散文的分界,说到底并不显明;像牟雷(Murry)甚至于说这两者并没有根本的区别(见《风格问题》一书)。不过诗大概总写得比较强烈些;它比散文经济些,一方面却也比散文复沓多些。经济和复沓好像相反,其实相成。复沓是诗的节奏和主要的成分,诗歌起源时就如此,从现在的歌谣和《诗经》的《国风》都可看出。韵脚跟双声叠韵也都是复沓的表现。诗的特性似乎就在回环复沓。所谓兜圈子;说来说去,只说那一点儿。复沓不是为了要说得少,是为了要说得少而强烈些。

诗随时代发展,外在的形式的复沓渐减,内在的意义的复沓渐增,于是乎讲求经济的表现——还是为了说得少而强烈些。但外在的和内在的复沓,比例尽管变化,却相依为用,相得益彰。要得到强烈的表现,复沓的形式是有力的帮手。就是写自由诗,诗行也得短些,紧凑些;而且不宜过分参差,跟散文相混。短些,紧凑些,总可以让内在的复沓多些。

新诗的初期重在旧形式的破坏,那些白话调都趋向于散文化。陆志韦先生虽然主张用韵,但还觉得长短句最好,也可见当时的风气。其实就中外的诗体(包括词曲)而论,长短句都不是主要的形式;就一般人的诗感而论,也是如此。现在新诗已经发展到一个程度,使我们感觉到"匀称"和"均齐"还是诗的主要的条件;这些正是外在的复沓的形式。但所谓"匀称"和"均齐"并不要像旧诗——尤其是律诗——那样凝成定型。写诗只需注意形式上的几个原则，尽可"相体裁衣"，而且必须"相体裁衣"。

归纳各位作家试验的成果，所谓原则也还不外乎"段的匀称"和"行的均齐"两目。段的匀称并不一定要各段形式相同。尽可甲段和丙段相同，乙段和丁段相同；或甲乙丙段依次跟丁戊己段相同。但间隔三段的复沓（就是甲乙丙丁段依次跟戊己庚辛段相同）便似乎太远或太琐碎些。所谓相同，指的是各段的行数，各行的长短，和韵脚的位置等。

行的均齐主要在音节（就是音尺）。中国语在文言里似乎以单音节和双音节为主，在白话里似乎以双音节和三音节为主。顾亭林说过，古诗句最长不过十个字；据卞之琳先生的经验，新诗每行也只该到十个字左右，每行最多五个音节。我读过不少新诗，也觉得这是诗行最适当的长度，再长就拗口了。这里得注重轻音字。如"我的"的"的"字，"鸟儿"的"儿"字等。这种字不妨作为半个音，可以调整音节和诗行；行里有轻音字，就不妨多一个两个字的。点号却多少有些相反的作用；行里有点号，不妨少一两个字。这样，各行就不会像刀切的一般齐了。各行音节的数目，当然并不必相同，但得匀称地安排着。一行至少似乎得有两个音节。韵脚的安排有种种式样，但不外连韵和间韵两大类，这里不能详论。此外句中韵（内韵），双声叠韵，阴声阳声，开齐合撮四呼等，如能注意，自然更多帮助。这些也不难分辨。一般人难分辨的是平仄声；但平仄声的分别在新诗里并不占什么地位。

新诗的白话，跟白话文的白话一样，并不全合于口语，而且多少趋向欧化或现代化。本来文字也不能全合于口语，不过现在的白话诗文跟口语的距离比一般文字跟口语的距离确是远些；因为我们的国语正在创造中。文字不全合于口语，可以使文字有独立的地位，自己的尊严。现在的白话诗文已经有了这种地位，这种尊严。象征诗的训练，使人不放松每一个词语，帮助增进了这种地位和尊严。但象征诗为要得到幽涩的调子，往往参用文言虚字，现在却似乎不必要了。

当然，用文言的虚字，还可以得到一些古色古香；写诗的人还可以这样做的。有些诗纯用口语，可以得着活泼亲切的效果；徐志摩先生的无韵体就能做到这地步。自由诗却并不见得更宜于口语。不过短小的自由诗不然。苏联马雅可夫斯基的一些诗，就是这一类，从译文里也见出那精悍处。田间先生的《中国农村的故事》以至"诗传单"和"街头诗"也有这种意味。因为整个儿短小的诗形便于运用内在的复沓，比较容易成为经济的强烈的表现。

原载《新诗杂话》

诗与感觉

诗也许比别的文艺形式更依靠想象；所谓远，所谓深，所谓近，所谓妙，都是就想象的范围和程度而言。想象的素材是感觉，怎样玲珑缥缈的空中楼阁都建筑在感觉上。感觉人人有，可是或敏锐，或迟钝，因而有精粗之别。而各个感觉间交互错综的关系，千变万化，不容易把捉，这些往往是稍纵即逝的。偶尔把握着了，要将这些组织起来，成为一种可以给人看的样式，又得有一番工夫，一副本领。这里所谓可以给人看的样式便是诗。

从这个立场看新诗，初期的作者似乎只在大自然和人生的悲剧里去寻找诗的感觉。大自然和人生的悲剧是诗的丰富的泉源，而且一向如此，传统如此。这些是无尽宝藏，只要眼明手快，随时可以得到新东西。

但是花和光固然是诗,花和光以外也还有诗,那阴暗,潮湿,甚至霉腐的角落儿上,正有着许多未发现的诗。实际的爱固然是诗,假设的爱也是诗。山水田野里固然有诗,灯红酒醁里固然有诗,任一些颜色,一些声音,一些香气,一些味觉,一些触觉,也都可以有诗。惊心触目的生活里固然有诗,平淡的日常生活里也有诗。发现这些未发现的诗,第一步得靠敏锐的感觉,诗人的触角得穿透熟悉的表面向未经人到的底里去。那儿有得是新鲜的东西。闻一多、徐志摩、李金发、姚蓬子、冯乃超、戴望舒各位先生都曾分别向这方面努力。而卞之琳、冯至两位先生更专向这方面发展;他们走得更远些。

假如我们说冯先生是在平淡的日常生活里发现了诗,我们可以说卞先生是在微细的琐屑的事物里发现了诗。他的《十年诗草》里处处都是例子,但这里只能举一两首。

> 淘气的孩子,有办法:
> 叫游鱼啮你的素足,
> 叫黄鹂啄你的指甲,
> 野蔷薇牵你的衣角……
> 白蝴蝶最懂色香味,
> 寻访你午睡的口脂。
> 我窥候你渴饮泉水,
> 取笑你吻了你自己。
> 我这八阵图好不好?

> 你笑笑，可有点不妙，
> 我知道你还有花样！
> 哈哈！到底算谁胜利？
> 你在我对面的墙上
> 写下了"我真是淘气"。
> （《淘气》,《装饰集》）

这是十四行诗。三四段里活泼的调子。这变换了一般十四行诗的严肃，却有它的新鲜处。这是情诗，蕴藏在"淘气"这件微琐的事里。游鱼的啮，黄鹂的啄，野蔷薇的牵，白蝴蝶的寻访，"你吻了你自己"，便是所谓"八阵图"；而游鱼、黄鹂、野蔷薇、白蝴蝶都是"我""叫"它们去做这样那样的，"你吻了你自己"，也是"我"在"窥候"着的，"我这八阵图"便是治"淘气的孩子"——"你"——的"办法"了。那"啮"，那"啄"，那"牵"，那"寻访"，甚至于那"吻"，都是那"我"有意安排的，那"我"其实在分享着这些感觉。陶渊明《闲情赋》里道：

> 愿在丝而为履，附素足以周旋；
> 悲行止之有节，空委弃于床前。
> 愿在昼而为影，常依形而西东；
> 悲高树之多阴，慨有时而不同。

感觉也够敏锐的。那亲近的愿心其实跟本诗一样,不过一个来得迫切,一个来得从容罢了。"你吻了你自己"也就是"你的影子吻了你";游鱼、黄鹂、野蔷薇、白蝴蝶也都是那"你"的影子。凭着从游鱼等等得到的感觉去想象"你",或从"你"得到的感觉叫"我"想象游鱼等等;而"我"又"叫"游鱼等等去做这个那个,"我"便也分享这个那个。这已经是高度的交互错综,而"我"还分享着"淘气"。"你""写下了""我真是淘气",是"你""真是淘气",可是"我对面"读这句话,便成了"'我'真是淘气"了。那治"淘气的孩子"——"你"——的"八阵图",到底也治了"我"自己。"到底算谁胜利?"瞧"我"为了"你"这么颠颠倒倒的!这一个回环复沓不是钟摆似的来往,而是螺旋似的钻进人心里。

《白螺壳》诗(《装饰集》)里的"你""我"也是交互错综的一例。

> 空灵的白螺壳,你,
> 孔眼里不留纤尘,
> 漏到了我的手里,
> 却有一千种感情:
> 掌心里波涛汹涌,
> 我感叹你的神工,
> 你的慧心啊,大海,
> 你细到可以穿珠!

可是我也禁不住：
你这个洁癖啊，唉！（第一段）

玲珑，白螺壳，我？
大海送我到海滩，
万一落到人掌握，
愿得原始人喜欢，
换一只山羊还差
三十分之二十八；
倒是值一只蟠桃。
怕给多思者捡起，
空灵的白螺壳，你
卷起了我的愁潮！（第三段）

  这是理想的人生（爱情也在其中），蕴藏在一个微琐的白螺壳里。"空灵的白螺壳""却有一千种感情"，象征着那理想的人生——"你"。"你的神工""你的慧心"的"你"是"大海"，"你细到可以穿珠"的"你"又是"慧心"；而这些又同时就是那"你"。"我"？"大海送我到海滩"的"我"，是代白螺壳自称，还是那"你"。最愿老是在海滩上，"万一落到人掌握"，也只"愿得原始人喜欢"，因为自己一点用处没有——换山羊不成，"值一只蟠桃"，只是说一点用处没有。原始人有那股劲儿，不让现实纠缠着，所以不在乎这个。只"怕给多思者捡起",怕落到那"我的手里"。可是那"多思者"的"我""捡起"来了,于是乎只有叹息:"你卷起了我的愁潮!""愁潮"是现实和理想的冲突;而"潮"原是属于"大海"的。

> 请看这一湖烟雨
> 水一样把我浸透,
> 像浸透一片鸟羽。
> 我仿佛一所小楼
> 风穿过,柳絮穿过,
> 燕子穿过像穿梭,
> 楼中也许有珍本,
> 书叶给银鱼穿织
> 从爱字通到哀字——
> 出脱空华不就成!(第二段)
> 我梦见你的阑珊:
> 檐溜滴穿的石阶,
> 绳子锯缺的井栏……
> 时间磨透于忍耐!
> 黄色还诸小鸡雏,
> 青色还诸小碧梧,
> 玫瑰色还诸玫瑰,
> 可是你回顾道旁,

> 柔嫩的蔷薇刺上
>
> 还挂着你的宿泪。（第四段完）

　　从"波涛汹涌"的"大海"想到"一湖烟雨"，太容易"浸透"的是那"一片鸟羽"。从"一湖烟雨"想到"一所小楼"，从"穿珠"想到"风穿过，柳絮穿过，燕子穿过像穿梭"，以及"书叶给银鱼穿织"；而"珍本"又是从藏书楼想到的。"从爱字通到哀字"，"一片鸟羽"也罢，"一所小楼"也罢，"楼中也许有"的"珍本"也罢，"出脱空华（花）"，一场春梦！虽然"时间磨透于忍耐"，还只"梦见你的阑珊"。于是"黄色还诸小鸡雏……"，"你"是"你"，现实是现实，一切还是一切。可是"柔嫩的蔷薇刺上"带着宿雨，那是"你的宿泪"。"你""有一千种感情"，只落得一副眼泪；又有什么用呢？那"宿泪"终于会干枯的。这首诗和前一首都不显示从感觉生想象的痕迹，看去只是想象中一些感觉，安排成功复杂的样式。——"黄色还诸小鸡雏"等三行可以和冯至先生的《十四行集》对照着看，很有意思。

> 铜炉在向往深山的矿苗，
>
> 瓷壶在向往江边的陶泥，
>
> 它们都像风雨中的飞鸟
>
> 各自东西。
>
> （《十四行集》，二一）

《白螺壳》诗共四段，每段十行，每行一个单音节，三个双音节，共四个音节。这和前一首都是所谓"匀称""均齐"的形式。卞先生是最努力创造并输入诗的形式的人，《十年诗草》里存着的自由诗很少，大部分是种种形式的试验，他的试验可以说是成功的。他的自由诗也写得紧凑，不太参差，也见出感觉的敏锐来，《距离的组织》便是一例。他的《三秋草》里还有一首《过路居》，描写北平一间人力车夫的茶馆，也是自由诗，那些短而精悍的诗行由会话组成，见出平淡的生活里蕴藏着的悲喜剧。那是近乎人道主义的诗。

原载《新诗杂话》

诗与哲理

新诗的初期,说理是主调之一。新诗的开创人胡适之先生就提倡以诗说理,《尝试集》里说理诗似乎不少。俞平伯先生也爱在诗里说理;胡先生评他的诗,说他想兼差作哲学家。郭沫若先生歌颂大爱,歌颂"动的精神",也带哲学的意味;不过他的强烈的情感能够将理融化在他的笔下,是他的独到处。那时似乎只有康白情先生是个比较纯粹的抒情诗人。一般青年以诗说理的也不少,大概不出胡先生和郭先生的形式。

那时是个解放的时代。解放从思想起头,人人对于一切传统都有意见,都爱议论,作文如此,作诗也如此。他们关心人生,大自然,以及被损害的人。关心人生,便阐发自我的价值;关心大自然,便阐发泛神论;关心被损害的人,便阐发人道主义。泛神论似乎只见于诗；别的两项，诗文是一致的。但是文的表现是抽象的，诗的表现似乎应该和文不一样。胡先生指出诗应该是具体的。他在《谈新诗》里举了些例子，说只是抽象的议论，是文不是诗。当时在诗里发议论的确是不少，差不多成了风气。胡先生所提倡的"具体的写法"固然指出一条好路。可是他的诗里所用具体的譬喻似乎太明白，譬喻和理分成两橛，不能打成一片；因此，缺乏暗示的力量，看起来好像是为了那理硬找一套譬喻配上去似的。别的作者也多不免如此。

民国十四年（1925年）以来，诗才专向抒情方面发展。那里面"理想的爱情"的主题，在中国诗实在是个新的创造；可是对于一般读者不免生疏些。一般读者容易了解经验的爱情；理想的爱情要沉思，不耐沉思的人不免隔一层。后来诗又在感觉方面发展，以敏锐的感觉为抒情的骨子，一般读者只在常识里兜圈子，更不免有隔雾看花之憾。抗战以后的诗又回到议论和具体的譬喻，也不是没有理由的。当然，这时代诗里的议论比较精切，譬喻也比较浑融，比较二十年前进步了；不过趋势还是大体相同的。

另一方面，也有从敏锐的感觉出发，在日常的境界里体味出精微的哲理的诗人。在日常的境界里体味哲理，比从大自然体味哲理更进一步。因为日常的境界太为人们所熟悉了，也太琐屑了，它们的意义容易被忽略过去；只有具有敏锐的手眼的诗人才能把捉得住这些。这种体味和大自然的体味并无优劣之分，但确乎是进了一步。我心里想着的是冯至先生的《十四行集》。这是冯先生去年一年中的诗，全用十四行体，就是商籁体写成。十四行是外国诗体，从前总觉得这诗体太严密，恐怕不适于中国语言。但近年读了些十四行，觉得似乎已经渐渐圆熟；这诗体还是值得尝试的。冯先生的集子里，生硬的诗行便很少；但更引起我注意的还是他诗里耐人沉思的理，和情景融成一片的理。

这里举两首作例。

> 我们常常度过一个亲密的夜
> 在一间生疏的房里，它白昼时
> 是什么模样，我们都无从认识，
> 更不必说它的过去未来。原野
> 一望无边地在我们窗外展开，
> 我们只依稀地记得在黄昏时
> 来的道路，便算是对它的认识，
> 明天走后，我们也不再回来。
> 闭上眼罢！让那些亲密的夜
> 和生疏的地方织在我们心里：
> 我们的生命像那窗外的原野，
> 我们在朦胧的原野上认出来
> 一棵树，一闪湖光；它一望无际
> 藏着忘却的过去，隐约的将来。
>
> （一八）

旅店的一夜是平常的境界。可是亲密的，生疏的，"织在我们心里"。房间有它的过去未来，我们不知道。"来的道路"是过去，只记得一点儿；"明天走"是未来，又能知道多少？我们的生命像那"一望无边的""朦胧的"原野，"忘却的过去""隐约的将来"，谁能"认识"得清楚呢？——但人生的值得玩味，也就在这里。

>我们听着狂风里的暴雨
>我们在灯光下这样孤单，
>我们在这小小的茅屋里
>就是和我们用具的中间
>也生了千里万里的距离：
>铜炉在向往深山的矿苗，
>瓷壶在向往江边的陶泥，
>它们都像风雨中的飞鸟
>各自东西。我们紧紧抱住，
>好像自身也都不能自主。
>狂风把一切都吹入高空
>暴雨把一切又淋入泥土。
>只剩下这点微弱的灯红
>在证实我们生命的暂住。
>
>（二一）

茅屋里风雨的晚上也只是平常的境界。可是自然的狂暴映衬出人们的孤单和微弱；极平常的用具铜炉和瓷壶，也都"向往"它们的老家，"像风雨中的飞鸟，各自东西"。这样"孤单"，却是由敏锐的感觉体味出来的，得从沉思里去领略——不然，恐怕只会觉得怪诞罢。闻一多先生说我们的新诗好像尽是些青年，也得有一些中年才好。

　　冯先生这一集大概可以算是中年了。

原载《新诗杂话》

诗与幽默

旧诗里向不缺少幽默。南宋黄彻《䂬溪诗话》云：

> 子建称孔北海文章多杂以嘲戏；子美亦"戏效俳谐体"，退之亦有"寄诗杂诙俳"，不独文举为然。自东方生而下，祢处士、张长史、颜延年辈往往多滑稽语。大体材力豪迈有余而用之不尽，自然如此。……《坡集》类此不可胜数。《寄蕲簟与蒲传正》云，"东坡病叟长羁旅，冻卧饥吟似饥鼠。倚赖东风洗破衾，一夜雪寒披故絮。"《黄州》云，"自惭无补丝毫事，尚费官家压酒囊。"《将之湖州》云，"吴儿脍缕薄欲飞，未去先说馋涎垂。"又，"寻花不论命，爱雪长忍冻。天公非不怜，听饱即喧哄"。……皆斡旋其章而弄之，

信恢刃有余，与血指汗颜者异矣。

这里所谓滑稽语就是幽默。近来读到张骏祥先生《喜剧的导演》一文（《学术季刊》文哲号），其中论幽默很简明："幽默既须理智，亦须情感。幽默对于所笑的人，不是绝对的无情；反之，如塞万提斯之于堂吉诃德先生，实在含有无限的同情。因为说到底，幽默所笑的不是第三者，而是我们自己。……幽默是温和的好意的笑。"黄彻举的东坡诗句，都在嘲弄自己，正是幽默的例子。

新文学的小说、散文、戏剧各项作品里也不缺少幽默，不论是会话体与否；会话体也许更便于幽默些。只诗里幽默却不多。我想这大概有两个缘由：一是一般将诗看得太严重了，不敢幽默，怕亵渎了诗的女神。二是小说、散文、戏剧的语言虽然需要创造，却还有些旧白话文，多少可以凭借；只有诗的语言得整个儿从头创造起来。诗作者的才力集中在这上头，也就不容易有余暇创造幽默。这一层只要诗的新语言的传统建立起来，自然会改变的。新诗已经有了二十多年的历史，看现在的作品，这个传统建立的时间大概快到来了。至于第一层，将诗看得那么严重，倒将它看窄了。诗只是人生的一种表现和批评；同时也是一种语言，不过是精神的语言。人生里短不了幽默，语言里短不了幽默，诗里也该不短幽默，才是自然之理。黄彻指出的情形，正是诗的自然现象。

新诗里纯粹的幽默的例子，我只能举出闻一多先生的《闻一多先生的书桌》一首：

忽然一切的静物都讲话了，
忽然间书桌上怨声腾沸：
黑盒呻吟道"我渴得要死！"
字典喊雨水渍湿了他的背；

信笺忙叫道弯痛了他的腰；
钢笔说烟灰闭塞了他的嘴，
毛笔讲火柴烧秃了他的须，
铅笔抱怨牙刷压了他的腿；

香炉咕喽着"这些野蛮的书
早晚定规要把你挤倒了！"
大钢表叹息快睡锈了骨头；
"风来了！风来了！"稿纸都叫了；

笔洗说他分明是盛水的，
怎么吃得惯臭辣的雪茄灰；
桌子怨一年洗不上两回澡，
墨水壶说"我两天给你洗一回。"

"什么主人？谁是我们的主人？"
一切的静物都同声骂道，
"生活若果是这般的狼狈，

倒还不如没有生活的好!"

主人咬着烟斗迷迷地笑,
"一切的众生应该各安其位。
我何曾有意地糟蹋你们,
秩序不在我的能力之内。"

这里将静物拟人,而且使书桌上的这些静物"都讲话":有的是直接的话,有的是间接的话,互相映衬着。这够热闹的。而不止一次的矛盾的对照更能引人笑。墨盒"渴得要死",字典却让雨水湿了背;笔洗不盛水,偏吃雪茄灰;桌子怨"一年洗不上两回澡",墨水壶却偏说两天就给他洗一回。"书桌上怨声腾沸","一切的静物都同声骂",主人却偏"迷迷地笑";他说"一切的众生应该各安其位",可又缩回去说"秩序不在我的能力之内"。这些都是矛盾的存在,而最后一个矛盾更是全诗的极峰。热闹,好笑,主人嘲弄自己,是的;可是"一切的众生应该各安其位",见出他的抱负,他的身份——他不是一个小丑。

俞平伯先生的《忆》,都是追忆儿时心理的诗。亏他居然能和成年的自己隔离,回到儿时去。这里面有好些幽默。我选出两首:

有了两个橘子,
一个是我的,
一个是我姊姊的。

把有麻子的给了我,

把光脸的她自有了。

"弟弟你的好,

绣花的呢?"

真不错!

好橘子,我吃了你罢。

真正是个好橘子啊!

(第一)

亮汪汪的两根灯草的油盏,

摊开一本《礼记》,

且当它山歌般地唱。

乍听间壁又是说又是笑的,

"她来了罢?"

《礼记》中尽是些她了。

"娘,我书已读熟了。"

(第二十二)

　　这里也是矛盾的和谐。第一首中"有麻子的"却变成"绣花的";"绣花的"的"好"是看的"好","好橘子"和"好橘子"的"好"却是可吃的"好"和吃了的"好"。次一首中《礼记》却"当它山歌般地唱",而且后来"《礼记》中尽是些她了";"当它山歌般地唱",却说"娘,我书已读熟了"。笑就蕴藏在这些别人的,自己的,别人和自己的矛盾里。但儿童自己觉得这些只是自然而然，矛盾是从成人的眼中看出的。所以更重要的，笑是蕴藏在儿童和成人的矛盾里。这种幽默是将儿童（儿时的自己和别的儿童）当作笑的对象，跟一般的幽默不一样；但不失为健康的。《忆》里的诗都用简短的口语，儿童的话原是如此；成人却更容易从这种口语里找出幽默来。

用口语或会话写成的幽默的诗，还可举出赵元任先生贺胡适之先生四十生日的一首：

适之说不要过生日，
生日偏又到了。
我们一般爱起哄的，
又来跟你闹了。
今年你有四十岁了都，
我们有的要叫你老前辈了都：
天天听见你提倡这样，提倡那样，
觉得你真有点儿对了都！
你是提倡物质文明的咯，
所以我们就来吃你的面；
你是提倡整理国故的咯，
所以我们都进了研究院；
你是提倡白话诗人的咯，
所以我们就啰啰唆唆写上了一大片。
我们且别说带笑带吵的话，

> 我们且别说胡闹胡搞的话,
> 我们并不会说很巧妙的话,
> 我们更不会说"倚少卖老"的话;
> 但说些祝颂你们健康的话——
> 就是送给你们一家子大大小小的话。
> （《北平晨报》，十九，十二，十八）

全诗用的是纯粹的会话；像"都"字（读音像"兜"字）的三行只在会话里有（"今年你有四十岁了都"就是"今年你都有四十岁了"，余类推）。头二段是仿胡先生的"了"字韵；头两行又是仿胡先生的那两行诗。

> 我本不要儿子,
> 儿子自来了。

三四段的"多字韵"（胡先生称为"长脚韵"）也可以说是"了"字韵的引申。因为后者是前者的一例。全诗的游戏味也许重些，但说的都是正经话，不至于成为过分夸张的打油诗。胡先生在《尝试集·自序》里引过他自己的白话游戏诗，说"虽是游戏诗，也有几段庄重的议论"；赵先生的诗，虽带游戏味，意思却很庄重，所以不是游戏诗。

赵先生是长于滑稽的人，他的《国语留声机片课本》《国音新诗韵》，还有翻译的《爱丽丝漫游奇境记》，都可以见出。张骏祥先生文中说滑稽可以为有意的和无意的两类，幽默属于前者。赵先生似乎更长于后者，《奇境记》真不愧为"魂译"（丁西林先生评语，见《现代评论》）。记得《新诗韵》里有一个"多字韵"的例子：

你看见十个和尚没有？
他们坐在破锣上没有？

无意义，却不缺少趣味。无意的滑稽也是人生的一面，语言的一端，歌谣里最多，特别是儿歌里。——歌谣里幽默却很少，有的是诙谐和讽刺。这两项也属于有意的滑稽。张先生文中说我们通常所谓话说得俏皮，大概就指诙谐。"诙谐是个无情的东西"，"多半伤人；因为诙谐所引起的笑，其对象不是说者而是第三者。"讽刺是"冷酷，毫不留情面"，"不只挞伐个人，有时也攻击社会。"我们很容易想起许多嘲笑残废的歌谣和"娶了媳妇忘了娘"一类的歌谣，这便是歌谣里诙谐和讽刺多的证据。

原载《新诗杂话》

论无话可说

十年前我写过诗；后来不写诗了，写散文；入中年以后，散文也不大写得出了——现在是，比散文还要"散"的无话可说！许多人苦于有话说不出，另有许多人苦于有话无处说；他们的苦还在话中，我这无话可说的苦却在话外。我觉得自己是一张枯叶，一张烂纸，在这个大时代里。

在别处说过，我的"忆的路"是"平如砥"，"直如矢"的；我永远不曾有过惊心动魄的生活，即使在别人想来最风华的少年时代。我的颜色永远是灰的。我的职业是三个教书；我的朋友永远是那么几个，我的女人永远是那么一个。有些人生活太丰富了，太复杂了，会忘记自己，看不清楚自己，我是什么时候都"丁丁玲玲的"知道，记住，自己是怎样简单的一个人。

但是为什么还会写出诗文呢？——虽然都是些废话。这是时代为之！十年前正是五四运动的时期，大伙儿蓬蓬勃勃的朝气，紧逼着我这个年轻的学生；于是乎跟着人家的脚印，也说说什么自然，什么人生。但这只是些范畴而已。我是个懒人，平心而论，又不曾遭过怎样了不得的逆境；既不深思力索，又未亲自体验，范畴终于只是范畴，此处也只是廉价的，新瓶里装旧酒的感伤。当时芝麻黄豆大的事，都不惜郑重地写出来，现在看看，苦笑而已。

先驱者告诉我们说自己的话。不幸这些自己往往是简单的，说来说去是那一套；终于说的听的都腻了。——我便是其中的一个。这些人自己其实并没有什么话，只是说些中外贤哲说过的和并世少年将说的话。真正有自己的话要说的是不多的几个人；因为真正一面生活一面吟味那生活的只有不多的几个人。一般人只是生活，按着不同的程度照例生活。

这点简单的意思也还是到中年才觉出的；少年时多少有些热气，想不到这里。中年人无论怎样不好，但看事看得清楚，看得开，却是可取的。这时候眼前没有雾，顶上没有云彩，有的只是自己的路。他负着经验的担子，一步步踏上这条无尽的然而实在的路。他回看少年人那些情感的玩意，觉得一种轻松的意味。他乐意分析他背上的经验，不只是少年时的那些；他不愿远远地捉摸，而愿剥开来细细地看。也知道剥开后便没了那跳跃着的力量，但他不在乎这个，他明白在冷静中有他所需要的。这时候他若偶然说话，绝不会是感伤的或印象的，他要告诉你怎样走着他的路，不然就是，所剥开的是些什么玩意。但中年人是很胆小的；他听别人的话渐渐多了，说了的他不说，说得好的他不说。所以终于往往无话可说——特别是一个寻常的人像我。但沉默又是寻常的人所难堪的,我说苦在话外,以此。

中年人若还打着少年人的调子,——姑不论调子的好坏——原也未尝不可,只总觉"像煞有介事"。他要用很大的力量去写出那冒着热气或流着眼泪的话;一个神经敏锐的人对于这个是不容易忍耐的,无论在自己在别人。这好比上了年纪的太太小姐们还涂脂抹粉的到大庭广众里去卖弄一般,是殊可不必的了。

其实这些都可以说是废话,只要想一想咱们这年头。这年头要的是"代言人",而且将一切说话的都看作"代言人";压根儿就无所谓自己的话。这样一来,如我辈者,倒可以将从前狂妄之罪减轻,而现在是更无话可说了。

但近来在戴译《唯物史观的文学论》里看到,法国俗语"无话可说"竟与"一切皆好"同意。呜呼,这是多么损的一句话,对于我,对于我的时代!

原载《你我》

第二编

成为一个写作者

沈从文

伟大作品的产生,
不在作家如何聪明,如何骄傲,
如何自以为伟大,与如何善于标榜成名,
只有一个方法,
就是作家诚实地去做。

沈从文 （1902—1988） 西南联大中文系教授

原名沈岳焕，字崇文，笔名休芸芸、甲辰、上官碧、璇若等，曾于中国公学、武汉大学、国立青岛大学、西南联大任教。中国著名作家、历史文物研究者。代表作有《边城》《长河》《湘行散记》等。

为什么要写作？

曾经有人询问我，"你为什么要写作？"

我告他我这个乡下人的意见："因为我活到这世界里有所爱。美丽，清洁，智慧，以及对全人类幸福的幻影，皆永远觉得是一种德行，也因此永远使我对它崇拜和倾心。这点情绪同宗教情绪完全一样。这点情绪促我来写作，不断的写作，没有厌倦，只因为我将在各个作品各种形式里，表现我对于这个道德的努力。人事能够燃起我感情的太多了，我的写作就是颂扬一切与我同在的人类美丽与智慧。若每个作品还皆许可作者安置一点贪欲，我想到的是用我作品去拥抱世界，占有这一世纪所有青年的心。……生活或许使我平凡与沉落，我的感情还可以向高处跑去；生活或许使我孤单寂寞，我的作品将同许多人发生爱情同友谊。……"

这是个乡下人的意见,同流行的观点自然是不相称的。

朋友萧乾第一个短篇小说集子行将付印了,他要我在这个集子说几句话,他的每篇文章,第一个读者几乎全是我。他的文章我除了觉得很好,说不出别的意见。这意见我相信将与所有本书读者相同的。至于他的为人,他的创作态度呢,我认为只有一个"乡下人",才能那么生气勃勃,勇敢结实。我希望他永远是乡下人,不要相信天才,狂妄造作,急于自见。应当养成担负失败的忍耐,在忍耐中产生他更完全的作品。

节选自《序跋集》

原题为"《篱下集》题记"

写作是情绪的体操

先生：

我接到你那封极客气的信了，很感谢你。你说你是我作品唯一的读者，不错。你读得比别人精细，比别人不含糊，也比一般读者客观，我承认。但你我之间终有种距离，并不因你那点同情而缩短。你讨论散文形式同意义，虽出自你一人的感想，却代表了部分或多数读者的意见。

我文章并不重在骂谁讽刺谁，我缺少这种对人苛刻的兴味，那不是我的长处。我文章并不在模仿谁，我读过的每一本书上的文字我原皆可以自由使用。我文章并无何等哲学，不过是一堆习作，一种"情绪的体操"罢了。是的，这可说是一种"体操"，属于精神或情感那方面的。一种使情感"凝聚成为渊潭，平铺成为湖泊"的体操。一种

"扭曲文字试验它的韧性,重摔文字试验它的硬性"的体操。你厌烦体操是不是?我知道你觉得这两个字眼儿不雅相,不斯文。它极容易使你联想到铁牛、水牛,那个人的体魄威胁了你,使你想到青年会柚木柜台里的办事人,一点乔装的谦和,还有点儿俗,有点儿对洋上司的谄媚。使你想起"美人鱼",从相片上看来人已胖多了。……

可是,你不说你是一个"作家"吗?不是说"文字越来越沉,思想越来越涩"?先生,一句话,这是你读书的过错。你的书本知识即或可以吓学生,骗学生,让人留下个博学鸿儒的印象,却不能帮助你写一个短短故事达到精纯完美。你读的书虽多,那一大堆书可并不消化,它不能营养你反而累坏了你。你害了精神上的伤食病,脑子消化不良,晒太阳,吃药,都毫无益处。你缺少的就正是那个"情绪的体操"!你似乎简直就不知道这样一个名词,它的具体含义以及它对于一个作家所包含的严重意义。打量换换门径来写诗?不成。痼疾还不治好以前,你一切设想全等于白费。

你得离开书本独立来思索,冒险向深处走,向远处走。思索时你不能逃脱苦闷,可用不着过分担心,从不听说一个人会溺毙在自己思索里。你不妨学学情绪的散步,从从容容,五十米,两百米,一英里①,三英里,慢慢地向无边际一方走去。只管向黑暗里走,那方面有的是炫目的光明。你得学"控驭感情",才能够"运用感情"。你必须"静",凝眸先看明白了你自己。你能够"冷",方会"热"。

---

① 一英里,约 1.61 千米。

文章风格的独具，你觉得古怪，觉得迷人，这就证明你在过去十年中写作方法上精力的徒费。一个作家在他作品上制造一种风格，还不是极容易事情？你读了多少好书，书中什么不早已提到？假若这是符咒，你何尝不可以好好地学一学，自己来制作些比前人更精巧的效率特高的符咒？好在我还记起你那点"消化不良"，不然对于你这博学而无一能真会感到惊奇。你也许过分使用了你的眼睛，却太吝啬了你那其余官能。真正搞文学的人，都必须懂得"五官并用"不是一句空话！谁能否认你有个灵魂，但那是发育不全的灵魂。你文章纵格外努力也永远是贫乏无味。你自己比别人或许更明白那点糟处，直到你自己能够鼓足勇气，来在一个陌生人面前承认，请想想，这病已经到了什么样一种情形！

一个习惯于情绪体操的作者，服侍文字必觉得比服侍女人还容易得多。因为文字是一个一个待你自己选择的，能服从你自己的"意志"，只要你真有意志。你的事恰恰同我朋友××一样：你爱上艺术他却倾心于一个女人，皆愿意把自己故事安排得十分合理，十分动人，皆想接近那个"神"，皆自觉行为十分庄严，其实却处处充满了呆气。我那朋友到后来终于很愚蠢的自杀了，用死证实了他自己的无能。你并不自杀，只因为你的失败同失恋在习惯上是两件事。你说你很苦闷，我知道你的苦闷。给你很多的同情可不合理，世界上像你这种人太多了。

你问我关于写作的意见，属于方法与技术上的意见，我可说的还是劝你学习学习一点"情绪的体操"，让它们把你十年来所读的书在各种用笔过程中消化消化，把你十年来所见的人事在温习中也消化消化。你不妨试试看。把日子稍稍拉长一点，把心放静一点，三年五年维持下去，到你能随意调用字典上的文字，自由创作一切哀乐故事时，你的作品就美了，深了，而且文字也有热有光了。

你不用害怕空虚，事实上使你充实结实还靠的是你个人能够不怕人事上"一切"，不怕幼稚荒诞的诋毁批评或权威的指摘。你不妨为任何生活现象所感动，却不许被那个现象激发你到失去理性，你不妨挥霍文字，浪费辞藻，却不许自己为那些华丽壮美文字脸红心跳。你写不下去，是不是？照你那方法自然无可写的。你得习惯于应用一切官觉，就因为写文章原不单靠一只手。你是不是尽嗅觉尽了他应尽的义务，在当铺朝奉以及公寓伙计两种人身上，也有兴趣辨别得出他们那各不相同的味儿？你是不是睡过五十种床，且曾经温习过那些床铺的好坏？你是不是……

你嫌中国文字不够用不合用。别那么说。许多人都用这句话遮掩自己的无能。你把一部字典每一页都翻过了吗？很显然的，同旁人一样，你并不做过这件傻事。你想造新字，描绘你那新的感觉，这只像是一个病人欺骗自己的话语。跛了脚，不能走动时，每每告人正在设计制造一对翅膀轻举高飞。这是不切事实的胡说，这是梦境。第一，你并没有那个新感觉，第二，你造不出什么新符咒。放老实点，切切实实治一治你那个肯读书却被书籍壅塞了脑子压断了神经的毛病！不拿笔时你能"想"，不能想时你得"看"，笔在手上时你可以放手"写"，如此一来，你的大作将慢慢活泼起来了，放光了。到那个时节,你将明白中国文字并不如一般人说的那么无用。你不必用那个盾牌掩护自己了。你知道你所过目的每一本书上面的好处,记忆它,应用它,皆极从容方便,你也知道风格特出,故事调度皆太容易了。

你试来做两年看看。若有耐心还不妨日子更多一点。不要觉得这份日子太长远!我说的还只是一个学习理发小子满师的年限。你做的事难道应当比学理发日子还短些?我问你。

原载《废邮存底》
原题为"情绪的体操"

依赖文学沟通人心

好朋友：

这几年我因为个人工作与事务上的责任，常有机会接到你们的来信。我们不拘相去如何远，人如何生疏，好像都能够在极短时期中成为异常亲密的好朋友。即可以听取你们生活各方面的意见。昔人说，"人与人心原是可以沟通的"，我相信在某种程度内，我们相互之间，在这种通信上真已得到毫无隔阂的友谊了。对于这件事我觉得快乐。我和你们少数见面一次两次，多人尚未见面，以后可能永无机会见面。还有些人是写了信来，要我答复，我无从答复；或把文章寄来，要我登载，我给退回。我想在这刊物上，和大家随便谈一谈。

我接到的一切信件，上面总那么写着：

"先生：我是个对文学极有兴趣的人。"

都说有"兴趣"，却很少有人说"信仰"。兴趣原是一种极不固定的东西，随寒暑阴晴变更的东西。所凭借的原只是一点兴趣，一首自以为是杰作的短诗被压下，兴趣也就完了。我听到有人说，写作不如打拳好，兴趣也就完了。或另外有个朋友相邀下一盘棋，兴趣也就完了。总而言之，就是这个工作靠兴趣，不能持久，太容易变。失败，那不用提；成功，也可以因小小的成功以后，看来不过如此如此，全部兴趣消灭无余。前者不必列举，后者的例可以从十六年来新文学作家的几起几落的情景中明白。十六年来中国新文学作家好像那么多，真正从事于此支持十年以上的作家并不多。多数人只是因缘时会，在喜事凑热闹的光景下捞着了作家的名位，玩票似的混下去。一点儿成绩，也就是那么得来的。对文学有兴趣，无信仰，结果有所谓"新文学"，在作者本身方面，就觉得有点滑稽，只是二十五岁以内的大学生玩的东西。多数人呢，自然更不关心了。如果这些人对文学是信仰不是兴趣，一切会不同一点。

对文学有信仰，需要的是一点宗教情绪。同时就是对文学有所希望（你说是荒谬想象也成）。这希望，我们不妨借用一个旧俄国作家说的话：

> 我们的不幸，便是大家对于别人的心灵、生命、苦痛、习惯、意向、愿望都很少理解，而且几于全无。……我之所以觉得文学可尊者，便因其最高上的功业，是在拭去一切的

界限与距离。

话说得不错,而且说得很老实。今古相去那么远,世界面积那么宽,人心与人心的沟通和连接,原是依赖文学的。人性的种种纠纷,与人生向上的憧憬,原可以依赖文学来诠释启发的。这单纯信仰是每一个作家不可缺少的东西,是每个大作品产生必有的东西。有了它,我们才可以在写作失败时不气馁,成功后不自骄。有了它,我们才能够"伟大"!好朋友,你们在过去总说对文学有"兴趣",我意见却要让你们有"信仰"。是不是应该把"兴趣"变成"信仰"?请你们想想看。

其次是你们来信,总表示对于生活极不满意。我很同情。我并不要你们知足,我还想鼓励一切朋友对生活有更大的要求,更多的不满。活到当前这个乱糟糟的社会里,大多数负责者都那么因循与柔懦,各做得过且过的打算。卖国贼、汉奸、流氓、贩运毒物者、营私舞弊者,以及多数苟且偷安的知识分子,成为支持这个社会的柱石和墙壁,凡是稍稍有人性的青年人,哪能够生活满意?那些生活显得很满意,在每个日子中能够陶然自得、沾沾自喜的人,他们的父亲就一定是那种社会柱石,为儿女积下了一点血钱,可以供他们读书或取乐。即使如此,这种环境里的人,只要稍有人性,也依然对当前不能满意,会觉得所寄生的家庭如此可耻,所寄生的国家如此可哀!

对现实不满,对空虚必有所倾心。社会改革家如此,思想家也如此,每个文学作者不一定是社会改革者,不一定是思想家,但他的理想,却常常与他们异途同归。他必具有宗教的热忱,勇于进取,超乎习惯与俗见而向前。一个伟大作品,总是表现人性最切的欲望!——对于当前黑暗社会的否认,对于未来光明的向往。一个伟大作品的制作者,照例是需要一种博大精神,忽于人事小小得失,不灰心,不畏难,在极端贫困艰辛中,还能支持下去,且能组织理想(对未来的美丽而光明的合理社会理想)在篇章里,表现多数人在灾难中心与力的向上,使更大多数人浸润于他想象和情感光辉里,能够向上。

可是,好朋友,你们对生活不满意,与我说到的却稍稍不同。你们常常急于要找"个人出路"。你们嗔恨家庭,埋怨社会,嘲笑知识,辱骂编辑,就只因为你们要出路,要生活出路与情感出路。要谋事业,很不容易;要放荡,无从放荡;要出名,要把作品急于发表,俨然做编辑的都有意与你们为难,不给机会发表。你们痛苦似乎很多,要求却又实在极少。正因为要求少,便影响到你们的成就。

第一,写作的态度,被你们自己把它弄小弄窄。第二,态度一有问题,题材的选择,不是追随风气人云亦云,就是排泄个人小小恩怨,不管为什么都浮光掠影,不深刻,不亲切。你们也许有天才,有志气,可是这天才和志气,却从不会好好的消磨在工作上,只是被"杂感"和"小品"弄完事,只是把自己本人变成杂感和小品完事。要出路,杂志一多,出路来了。要成名,熟人一多,都成名了。要作品呢,没有作品。

南京有个什么文艺俱乐部,聚会时常常数百人列席,且有要人和名媛掺杂其间,这些人通常都称为"作家"。大家无事,附庸风雅,吃茶谈天而已。假若你们真不满意生活，从事文学，先就应当不满意如此成为一个作家。其次，再看看所谓伟大作品是个什么样子，来研究，来理解，来学习，低头苦干个三年五载。忘了"作家"，关心"作品"。永远不在作品上自满，不在希望上自卑。认定托尔斯泰或歌德，李白或杜甫，所有的成就，全是一个人的脑子同手弄出来的。只要你有信心，有耐力，你也可以希望用脑子和那只手得到同样的成就。你还不妨野心更大一点，希望你的心与力贴近当前这个民族的爱憎和哀乐，做出更有影响的事业！好朋友，你说对生活不满意，你觉得还是应当为个人生活找出路，还是另外一件事？请你们也想想看。

我在这刊物上写这种信，这是末一次，以后恐无多机会了。我很希望我意见能对你们有一点用处。我们必须明白我们的国家，当前实在一种极可悲哀的环境里，被人逼迫堕落，自己也还有人甘心堕落。对外，毫无办法；对内，成天有万千人饿死，成天有千万人在水边挣扎，……此外大多数人就做着噩梦，无以为生。但从一方面看来，那个"明天"又总是很可乐观的。明天是否真的可以转好一点？一切希望却在我们青年人手里。

青年人中的文学作家，他不但应当生活得勇敢一点，还应当生活得沉重一点。每个人都必须死，正因为一个人生命力用完了，活够了，挪开一个地位，好让更年轻的人来继续活下去。死是不可避免的自然法则。我们如今都还年轻，不用提这个问题，我们可以谈活。我认为每个人都有权利活得更有意义，活得更像个人。历史原是一种其长无尽的东西，我们能够在年轻力壮时各自低头干个十年八年，活够了，死了，躺下来给蛆收拾了，也许生命还能在另外一种意义上活得很长久。徒然希望"不朽"，是个愚蠢的妄念；至于希望智慧与精力不朽，那只看我们活着时会不会好好地活罢了。我们是不是也觉得如今活着，还像一个活人？一面活下去，一面实值得我们常常思索。

原载《创作杂谈》
原题为"给志在写作者"

老老实实的文学态度

这是个很文雅庄严的题目,我却只预备援引出一个近在身边的俗例。我想提到的是我家中经营厨房的大司务老景。假若一个文学者的态度,对于他那份事业也还有些关系,这大司务的态度我以为真值你注意。

我家中大司务老景是这样一个人:平时最关心的是他那份家业:厨房中的切菜刀,砧板,大小碗盏,与上街用的自行车,都亲手料理得十分干净。他对于肉价,米价,煤球价,东城与西城相差的数目,他全记得清清楚楚。凡关于他那一行,问他一样他至少能说出三样。他还会写几个字,记账时必写得整齐成行,美丽悦目。他认的字够念点浅近书籍,故做事以外他就读点有趣味的唱本故事。朋友见他那么健康和气，负责做人，皆极其称赞他。有一天朋友××问他：

"老景，你为什么凡事在行到这样子？真古怪！"

他回答得很妙，他说：

"××先生，我不古怪！做先生的应当明白写在书本上的一切，做厨子的也就应当明白搁在厨房里的一切。××先生您自己不觉得奇怪，反把我当成个怪人！"

"你字写得那么好，简直写得比我还好。"

"我买油盐柴米，得记下个账单儿，不会写字可不配做厨子！字原来就是应用的东西，我写字也不过能够应用罢了。"

"但你还会看书。"

朋友××以为这一来，厨子可不会否认他自己的特长了。谁知老景却说：

"××先生，这同您炒鸡子一样，玩玩的，不值得说！"

××是个神经敏感的人，想起了这句话里一定隐藏了什么尖尖的东西，一根刺似的戳了那么一下。"做厨子的能读书并不出奇，只有读书拿笔杆儿的先生们，一放下笔，随意做了件小小事情，譬如下厨房去炒一碟鸡子，就大惊小怪，自以为旷世奇才！"那大司务在人面前既常是一副笑脸，笑容里真仿佛也就包含得有这样一种幽默。其实不然，他并不懂得这些空灵字眼儿，他无须乎懂幽默。

××似乎受了一点儿小小的窘，还想强词夺理的那么说："我们做先生的所以明白的是书本，你却明白比做先生的多五倍以上的事情，你若不能称为怪人，我就想称呼你为……"他大约记起"天才"

两个字，但他并不说下去，因为怕再说下去只有更糟，便勉强地笑笑，只说"你洗碗去，你洗碗去"，把面前的老景打发开了。

别人都称赞我家中这个大司务，以为是个"怪人"，我可不能同意这种称呼。这个大司务明白他分上应明白的事情，尽过他职务上应尽的责任，做事不取巧，不偷懒，做过了事情，不沾沾自喜，不自画自赞，因为小小疏忽把事做错了时，也不带着怀才不遇委屈牢骚的神气。他每天早晚把菜按照秩序排上桌子去，一个卷筒鱼，一个芥蓝菜，一个四季豆，告给他："大司务，你今天这菜做得好，"他不过笑笑而已。间或一样菜味道弄差了，或无人下箸，或要他把菜收回重新另炒，他仍然还只是笑笑。说好他不觉得可骄，说坏他不恼羞成怒，他其所以能够如此，就只因为他对于工作尽他那份职业的尊严。他认为自己毫不奇怪，别人也就不应当再派他成为一个怪人了。

不过假若世界上这种人算不得是个怪人，那另外还有一种人，就使我们觉得太古怪了。我所指的就是现在的文学家，这些人古怪处倒并不是他们本身如何与人不同，却只是他们在习气中如何把身份行为变得异常的古怪。

弄文学的同"名士风度"发生关系，当在魏晋之间，去时较远似乎还无所闻。魏晋以后，能文之士，除开奏议赋颂，原来就在向帝王讨好或指陈政治得失有所主张，把文章看得较严重外，其他写作态度，便莫不带一种玩票白相的神气。或做官不大如意，才执笔雕饰文字，有所抒写，或良辰佳节，凑兴帮闲，才做所谓吮毫铺素的事业。晋人写的小说多预备做文章时称引典故之用，或为茶余酒后闲谈之用,如现存《博物》《述异》《世说》《笑林》之类。

唐人作小说认真了一些,然而每个篇章便莫不依然为游戏心情所控制。直到如今,文学的地位虽同时下风气不同,稍稍高升一些,然而从一般人看来,就并不怎样看得起它。照多数作家自己看来,也还只算一种副业。一切别的事业似乎皆可以使人一本正经地做下去,一提到写作,则不过是随兴而发的一种工作而已。倘若少数作者,在他那份工作上,认真严肃到发痴,忘怀了一切,来完成他那篇小说那些短诗那幕戏剧,第一个肯定他的,一定也就是他同道中最相熟最接近的人。

过去观念与时代习气皆使从事文学者如票友与白相人。文学的票友与白相人虽那么多,这些人对于作品的珍视,却又常常出人意料以外。这些人某一时节卷起白衬衫袖,到厨房里去炒就一碟嫩鸡子,完事以后得意的神气,是我们所容易见到的。或是一篇文章,或是一碟鸡子,在他们自己看来总那么使他们感到自满与矜持。关于烹调本是大司务做的专门职业,先生们偶尔一做,带着孩子们心情觉得十分愉快,并不怎么出奇。至于研究文学的,研究了多年以后,同时再来写点自己的,也居然常常对于自己作品做出"我居然也写了那么一篇东西"的神气,就未免太天真了。就是这一类人,若在作品中发生过了类乎"把菜收回重新另做"的情形时,由于羞恼所做出的各种事情,有时才真正古怪得出人意料!

只因为文学者皆因历史相沿习惯与时下流行习气所影响而造成的文人脾气,始终只能在玩票白相精神下打发日子,他的工作兴味的热忧，既不能从工作本身上得到，必须从另外一个人方面取得赞赏和鼓励。他工作好坏的标准，便由人而定，不归自己。他又像过分看重自己作品，又像完全不能对于自己作品价值有何认识。结果就成了这种情形。他若想成功，他的作品必永远受一般还在身边的庸俗鉴赏者尺度所限制，作品决不会有如何出奇炫目的光辉。他若不欲在这群人面前成功，又不甘在这群人面前失败，他便只好搁笔，从此不再写什么作品了。

倘若他还是一种自以为很有天才而又怀了娇气的人呢，则既不能从一般鉴赏者方面满足他那点成功的期望，就只能从少数带着糊涂的阿谀赞美中，消磨他的每个日子。倘若他又是另一种聪明不足、滑跳有余的人呢，小小挫折必委屈到他的头上，因这委屈既无法从作品中得到卓然自见的机会，他必常常想方设法不使自己长受委屈；或者自己写出很好的批评，揄扬吹嘘，或别出奇计，力图出名，或对于权威所在，小作指摘，大加颂扬。总而言之，则这种人登龙有术，章克标先生在他一本书中所列举的已多，可不必再提了。

近些年来，对于各种事业从比较上皆证明这个民族已十分落后，然而对于十年来的新兴国语文学，却似乎还常有一部分年轻人怀了最大的希望，皆以为这个民族的组织力、道德与勇敢诚朴精神，正在崩溃和腐烂，在这腐烂崩溃过程中，必然有伟大的作品产生。这种伟大文学作品，一方面记录了这时代广泛苦闷的姿态，一面也就将显示出民族复兴的健康与快乐生机。

然而现在玩票白相的文学家，实占作家中的最多数，这类作家露面的原因，不属于"要成功"，就属于"自以为成功"或"设计成功"，想从这三类作家希望什么纪念碑的作品，真是一种如何愚妄的期待！一面是一群玩票白相文学作家支持着所谓文坛的场面，一面却是一群教授，各抱着不现实愿望，教俄国文学的就埋怨中国还缺少托尔斯泰，教英国文学的就埋怨中国无莎士比亚，教德国文学的就埋怨中国不能来个歌德。把这两种人两相对照起来时，总使人觉得极可怜也极可笑，实则作者的态度，若永远是票友与白相人态度，则教授们研究的成绩，也将同他们的埋怨一样，对于中国文学理想的伟大作品的产生，事实上便毫无帮助。

伟大作品的产生，不在作家如何聪明，如何骄傲，如何自以为伟大，与如何善于标榜成名，只有一个方法，就是作家诚实地去做。作家的态度，若皆能够同我家大司务态度一样，一切规规矩矩，凡属他应明白的社会上事情，都把它弄明白，同时那一个问题因为空间而发生的两地价值相差处，得失互异处，他也看得极其清楚，此外"道德"，"社会思想"，"政治倾向"，"恋爱观念"，凡属于这一类名词，在各个阶级，各种时间，各种环境里，它的伸缩性，也必须了解而且承认它。着手写作时，又同我家中那大司务一样，不大在乎读者的毁誉，做得好并不自满骄人，做差了又仍然照着本分继续工作下去。必须要有这种精神，就是带他到伟大里去的精神！

假若我们对于中国文学还怀了一分希望，我觉得最需要的就是文学家态度的改变，那大司务处世做人的态度，就正是文学家最足学习的态度。他能明白得极多，故不拘束自己，却敢到各种生活里去认识生活，这是一件事。他应觉得他事业的尊严，故能从工作本身上得到快乐，不因一般毁誉得失而限定他的左右与进退，这又是一件事。他做人，表面上处处依然还像一个平常人，极其诚实，不造谣说谎，知道羞耻，很能自重，且明白文学不是赌博，不适宜随便下注，投机取巧，也明白文学不是补药，不适宜单靠宣传从事渔利，这又是一件事。

一个厨子知道了许多事，做过了许多菜，他就从不觉得自己是个怪人，且担心被人当作怪人。一个作家稍稍能够知道一些事情，提起笔来把它写出，却常常自以为稀奇。既以为稀奇，便常常夸大狂放，不只想与一般平常人不同，并且还与一般作家不同。平常人以生活节制产生生活的艺术，他们则以放荡不羁为洒脱；平常人以游手好闲为罪过，他们则以终日闲谈为高雅；平常作家在作品成绩上努力，他们则在作品宣传上努力。这类人在上海寄生于书店、报馆、官办的杂志，在北京则寄生于大学、中学以及种种教育机关中。这类人虽附庸风雅，实际上却与平庸为缘。从这类人成绩上有所期待，教授们的埋怨，便也只好永远成为市声之一种，这一代的埋怨，留给后一代教授学习去了。

已经成了名的文学者，或在北京教书，或在上海赋闲，教书的大约每月皆有三百至五百元的固定收入，赋闲的则每礼拜必有三五次谈话会之类列席，希望他们同我家大司务老景那么守定他的事业，尊重他的事业，大约已不是一件很容易的事情。现在可希望的，却是那些或为自己，或为社会，预备终身从事于文学，在文学方面有所憧憬与信仰，想从这份工作上结实硬朗弄出点成绩的人，能把俗人老景的生活态度作为一种参考。他想在他自己工作上显出纪念碑似的惊人成绩，那成绩的基础，就得建筑在这种厚重，诚实，带点儿顽固而且也带点儿呆气的性格上。

假若这种属于人类的性格，在文学者方面却为习气扫荡无余了，那么，从事文学的年轻人，就极力先去学习培养它，得到它；必须得到它，再来从事文学的写作。

原载《文学运动杂谈》
原题为"文学者的态度"

从社会这本大书学一学人生

××先生：

××兄转来你的信和文章，我已收到。文章我想带下乡去看，再告你读后感。

关于升学事，我觉得对"写作"用处并不多。因照目前大学制度和传统习惯，国文系学的大部分是考证研究，重在章句训诂，基本知识的获得，连欣赏古典都谈不上，哪能说到写作。这里虽照北方传统，学校中有么一课，照教育部规定，还得必修六个学分，名叫"各体文习作"，其实是和"写作"不相干的，应个景儿罢了。写作在大学校认为"学术"，去事实还远，联大这个课程，就中有四个学分由我担任，计二年级选两学分，三、四年级选两学分，可是我能够做到的事,还不过是为全班学生中三两个真有写作兴趣的朋友打打气而已。我可教的只是解释近二十年来作家使用这个工具的"过去",有了些什么成就,经过些什么挣扎,战胜了多少困难,给肯继续拿笔的一点勇气和信心。涉于写作技术问题,只要改改卷子,这种事与真正写作实隔一层,是不会对同学有何特别好处的。

我对于这个问题的看法,总以为需要许多人肯在这个工作上将"生命来投资",超越大学校的"学术"价值,和社会上流行的"文化"价值,从一个谦虚而谨慎学习并试验态度上,写个三十年,不问成败得失写个三四十年,再让时间来检选,方可望看得出谁有贡献,有作用,能给新中国文学史留点比较像样的东西。若是真有值得可学处,就只是这种老实态度,和这点书呆子看法,别的其实是不足道的!

所以你如为别的理想升学,我赞同你考。如为写作理想,还是不用升学好。如打量写作,与其升学,把自己关在一个窄窄学校中,学些空空洞洞的东西,倒不如想办法将生活改成为一个"新闻记者",从社会那本大书来好好的学一学人生,看看生命有多少形式,生活有多少形式。一面翻读这本大书,到处去跑,跑到各式各样不同社会生活中明白一切,恋爱,发疯,冒险,……一面掉转头来再又去拼命读各种各样的书,用文字写来的书,两相对照一下,"人生"究竟是怎么回事,实际与抽象相去多远。明白较多后,再又不怕失败来写各式各样文章,换言之,即好好地有计划地来使用这个短促生命!(你不用也是留不住的!)永远不灰心,永远充满热情去生活、读书、写作,三五年后一成习惯,你就会从这习惯看出自己生命的力量,对生存自信心、工作自信心增加了不少,所等待的便只是用成绩去和社会对面和历史对面了。

这也正是一种战争!因为说来容易,做来并不十分容易的。说不定步步都有障碍,要通过多少人事辛酸,慢慢地修正自己弱点,培养那个忍受力,适应力,以及脑子的张力(为哀乐得失而不可免的兴奋与挫折),且慢慢让时间取去你那点青春生命之火。经过这个试验,于是你生命接近成熟了,情感比较稳定了,脑子可以自由运用,一支笔更容易为脑子而运用了,你会在写作上得到另外一种快乐,一点信心,即如何用人事为题目,来写二十世纪新的"经典"的快乐和信心。你将自然而然超越了普通人的习惯心与眼,来认识一切现象,解释一切现象,而且在作品中注入一点什么,或者是对人生的悲悯,或者是人生的梦。

总而言之,你的作品可能慢慢地成为读者经典,不拘用的是娱乐方式或教育方式,都能使他生命"深"一点,也可能使他生存"强"一点。引起他的烦乱,不安于"当前",对"未来"有所倾心。激发他"向上""向前""向不可知"注意,煽起他重新做人的兴趣和勇气。……如此或如彼,总决不会使一个读者因此而堕落的!写恋爱或写战争,写他人或你自己,内容尽管不同,却将发生同一影响,引带此一时或彼一时读者体会到生命更庄严的意义,即"神在生命本体中"。两千年来经典的形式,多用格言来表现抽象原则。这些经典或已失去了意义,或已不合应用。明日的新的经典,既为人而预备,很可能是要用"人事"来做说明的。

这种文学观如果在当前别人看来是"笑话",在一个作者,却应当把它当成一种"信仰"。你自己不缺少这种信仰,才可望将作品浸透读者的情感,使读者得到另外一种信仰,"一切奇迹都出于神,这由于我们过去的无知。新的奇迹出于人,国家重建、社会重造全在乎人的意志。"

原载《续废邮存底》
原题为"学习写作"

怎么才叫懂创作？

有人问我"怎么会'写创作'？"这可是一个窘人的题目。想了很久，我方能说出一句话，我说："因为他先'懂创作'。"问的于是也仿佛受了点儿窘，便走开了。

等到这个很诚实的年轻人走后，我就思索我自己所下的那个字眼儿的分量。我想明白什么是"懂创作"，老实说，我得先弄明白一点，将来也省得窘人以后自己受窘。

就一般说来，大家读了许多书，或许记忆好些名著，还能把某一书里边最精彩的一页，背诵如流，但这个人却并不是个懂创作的人。有些人会做得出动人的批评，把很好的文章说得极坏，把极坏的文章说得很好，但也不能称为懂创作的人。

一个懂创作的人，他应当看许多书，但并不须记忆一段两段书。

他不必会作批评文字，每一个作品在他心中却有一个数目。他最要紧的是从无数小说中，明白如何写就可以成为小说，且明白一个小说许可他怎么样写。起始，结果，中间的铺叙，他口上并不能为人说出某一本书所用的方法极佳，但他知道有无数方法。他从一堆小说中知道说一个故事时处置故事的得失，他从无数话语中弄明白了说一句话时那种语气的轻重。他明白组织各种故事的方法，他明白文字的分量。是的，他最应当明白的是文字的分量。同时凡每一句话，每一个标点，他皆能拣选轻重得当的去使用。为了自己想弄明白文字的分量，他得在记忆里收藏了一大堆单字单句。他这点积蓄，是他平时处处用心，从眼睛里从耳朵里装进去的。

平常人看一本书，只忆记那本书故事的好坏，他不记忆故事。故事多容易，一个会创作的人，故事要它如何就如何，把一只狗写得比人还懂事，把一个人写得比石头还笨，都太容易了。一个作者看一本书，他留心的只是这本书如何写下去，写到某一件事，提到某一点气候同某一个人的感觉时，他使用了些什么文字去说明。他简单处简单到什么程度，相反的，复杂时又复杂到什么程度。他所说的这个故事，所用的一组文字，是不是合理的？……他有思想，有主张，他又如何去表现他这点思想主张？

一个创作者在那么情形下看各种各样的书，他一面看书，一面就在那里学习体验那本书上的一切人生。放下了书本，他便去想。走出门外去，他又仍然与看书同样的安静，同样的发生兴味，去看万汇百物在一分习惯下所发生的一切。他并不学画，他所选择的人事，常如一幅凸出的人生活动画图，与画家所注意的相暗合。他把一切官能很贪婪地去接近那些小事情，去称量那些小事情在另外一种人心中所有的分量，也如同他看书时称量文字一样。他欢喜一切，就因为当他接近他们时，他已忘了还有自己的本身存在，经常在一种忘我情形中。

简单说来，便是他能在书本上发痴，在一切人事上同样也能发痴。他从说明人生的书本上，养成了对于人生一切现象注意的兴味，再用对于实际人生体验的知识，来评判一个作品记录人生的得失。他再让一堆日子在眼前过去，慢慢地，他懂创作了。

目下有若干作家如何会写得出小说，他自己也就说不明白。但旁人可以看明白的，就是这些人一切作品，皆常常浮在人事表面上，受不了时间的选择。不管写了一堆作品或一篇作品，不管如何善于运用作品以外的机会，很下流地造点文坛消息为自己说说话，不管如何聪敏灵巧地把自己作品押在一个较有利益的注上去，还是不成。在文字形式上，故事形式上，人生形式上，所知道得都太少了。写自己就极缺少那点所必需的能力。未写以前就不曾很客观地来学习过认识自己，分析自己，批评自己。多数作家的思想都太容易转变了，对自己的工作实缺少了一点严格的批评，反省。从这样看来，无好成绩是很自然的。

我自己呢，是若干作者中之一人，还应当去学，还应当学许多。不希望自己比谁聪明，只希望自己比别人勤快一点，耐烦一点。

原载《废邮存底》

原题为"谈创作"

静静地看、分析和批评

××先生：

　　来信已见到，谢谢。你问关于写小说的书，什么书店什么人作的较好。我看过这样书八本，从那些书上明白一件事，就是：凡编著那类书籍出版的人，肯定他自己绝不能写较好的创作，也不能给旁的从事文学的人多少帮助。那些书不管书名如何动人，内容总不大合于写作的事实，算不得灵丹妙药。他告你们"秘诀"，但这件事若并无秘诀可言，他玩的算个什么把戏，你想想也就明白了。真真的秘诀是多读多做，但这个已是一句老话了，不成其为秘诀的。我只预备告你几句话，虽然平淡无奇，也许还有一点用处，可作你的参考。

　　据我经验说来，写小说同别的工作一样，得好好地去"学"。又似乎完全不同别的工作，就因为学的方式可以不同。从旧的各种文字、新的各种文字理解文字的性质，明白它们的轻重，习惯于运用它们。这工作很简单，并无神秘，不需天才。不过，好像得看一大堆作品才会得到有用的启发。你说你也看了不少书。照我的推测，你看书的方法或值得讨论。从作品上了解那作品的价值与兴味，这是平常读书人的事。一个作者读书呢，却应从别人作品上了解那作品整个的分配方法，注意它如何处置文字，如何处理故事，也可以说看得应深一层。一本好书不一定使自己如何兴奋，却宜于印象底记着。

一个作者在别人好作品面前，照例不会怎么感动，在任何严重事件中，也不会怎么感动——作品他知道是写出来的，人事他知道无一不十分严重。他得比平常人冷静些，因为他正在看、分析、批判。他必须静静地看、分析、批判，自己写时方能下笔，方有可写的东西，写下来方能够从容而正确。

文字是作家的武器，一个人理会文字的用处比旁人渊博，善于运用文字，正是他成为作家条件之一。几年来有个趋向，不少人以为文字艺术是种不必注意的小技巧。这有道理。不过这些人似乎并不细细想想，不懂文字，什么是文学。《诗经》与山歌不同，不在思想，还在文字！一个作家思想好，绝不至于因文字也好反而使他思想变坏。一个性情幽默、知书识字的剃头师傅，能如老舍先生那么使用文字，也就有机会成为老舍先生。若不理解文字，也不能使用文字，那就只好成天挑小担儿各处做生意，就墙边太阳下给人理发，一面工作，一面与主顾说笑话去了。

写小说，想把作品涉及各方面生活，一个人在事实上不可能，在作品上却俨然逼真，这成功也靠文字。文字同颜料一样，本身是死的，会用它就会活。作画需要颜色，且需要会调弄颜色。一个作家不注意文字，不懂得文字的魔力，纵有好思想也表达不出。作品专重文字排比自然会变成四六文章。我并不要你专注重文字。我意思是一个作家应了解文字的性能，这方面知识越渊博熟练，越容易写作品。

写小说应看一大堆好作品，而且还应当知道如何去看，方能明白，方能写。上面说的是我的主观设想。至于"理论"或"指南""作法"一类书，我认为并无多大用处。这些书我就大半看不懂。我总不明白写这些书的人，在那里说些什么话。若照他们说的方法来写小说，许多作者一年中恐怕不容易写两个像样短篇了。"小说原理""小说作法"那是上讲堂用的东西，至于一个作家，却只应看一堆作品，做无数次试验，从种种失败上找经验，慢慢地完成他那个工作。他应当在书本上学懂如何安排故事、使用文字，却另外在人事上学明白人事。

每人因环境不同，欢喜与憎恶多不相同。同一环境中人，又会因体质不一，爱憎也不一样。有张值洋一千元的钞票，掉在地下，我见了也许拾起来交给警察，你拾起来也许会捐给慈善机构，但被一个商人拾去呢？被一个划船水手拾去呢？被一个妓女拾去呢？你知道，用处不会相同的。男女恋爱也如此，男女事在每一个人解释下都成为一种新的意义。作战也如此，每个军人上战场时感情各不相同。作家从这方面应学的，是每一件事各以身份性别而产生的差别。简单说来就是"求差"。应明白各种人为义利所激发的情感如何各不相同。又譬如胖一点的人脾气常常很好，超过限度且易中风，瘦人能够跑路，神经敏锐。广东人爱吃蛇肉，四川人爱吃辣椒，北方人赶骆驼的也穿皮衣，四月间房子里还生火，河南、河北、山西乡村妇女如今还有缠足的，这又是某一地方多数人相同的。这是"求同"。

求同知道人的类型，求差知道人的特性。我们能了解什么事有他的"类型"，凡属这事通相去不远。又知道什么事有他的"特性"，凡属个人皆无法强同。这些琐碎知识越丰富，写文章也就容易下笔了。知道的太少，那写出来的就常常不对。好作品照例使读者看来很对，很近人情，很合适。一个好作品上的人物，常使人发生亲近感觉。正因为他的爱憎，他的声音笑貌，都是一个活人。这活人由作者创造，作者可以大胆自由来创造，创造他的人格与性情，第一条件，是安排得对。他可以把工人角色写得性格极强，嗜好正当，人品高贵，即或他并不见到这样一个工人，只要写得对就成。但他如果写个工人有三妻六妾，会作诗，每天又做什么什么，就不对了。把身份、性情、忧乐安排得恰当合理，这作品文字又很美，很有力，便可以希望成为一个好作品。

不过有些人既不能看一大堆书，又不能各处跑，弄不明白人事中的差别或类型，也说不出这种差别或类型，是不是可以写得出好作品？换一个说法，就是假使你这时住在南洋，所见所闻总不能越出南洋天地以外，可读的书又仅仅几十本，是不是还可希望写几个大作品？据我想来也仍然办得到。经验世界原有两种方式，一是身临其境，一是思想散步。我们活到二十世纪，正不妨写十五世纪的历史小说。我们谁都缺少死亡的经验，然而也可以写出死亡的一切。写牢狱生活的不一定亲自入狱，写恋爱的也不必须亲自恋爱。虽然这举例不大与上面要说的相合，譬如这时要你写北平，恐怕多半写不对。但你不妨就"特点"下笔。你不妨写你身临其境所见所闻的南洋一切。

你身边只有《红楼梦》一部，就记熟它的文字，用那点文字写南洋，你好好地去理解南洋的社会组织，丧庆仪式，人民观念与信仰，上层与下层的一切，懂得多而且透彻，就这种特殊风光作背景，再注入适当的想象，自然可以写得出很动人故事的。你若相信用破笔败色在南洋可以画成许多好画，就不妨同样试来用自己能够使用的文字，以南洋为中心写点东西。当前自然不免会发生一种困难，便是作品不容易使人接受的困难。这就全看你魄力来了。你有魄力同毅力，故事安置得很得体，观察又十分透彻，写它时又亲切而近人情，一切困难不足妨碍你作品的成就。（我们读一百年前的俄国小说，作品中人物还如同贴在自己生活上，可以证明，只要写得好，经过一次或两次翻译也仍然能接受的。）你对于这种工作有信心，不怕失败，总会有成就的。我们做人照例受习惯所支配，服从惰性过日子。把观念弄对了，向好也可以养成一种向好的惰性。觉得自己要去做，相信自己做得到，把精力全部搁在这件工作上，征服一切并不十分困难，何况提起笔来写两个短篇小说？

你问，"一个作者应当要多少基本知识？"这不是几句话说得尽的问题。别的什么书上一定有这个答案。但答案显然全不适用。一个大兵，认识方字一千个左右，训练得法，他可以写出很好的故事。一个老博士，大房子里书籍从地板堆积到楼顶，而且每一本书皆经过他圈点校订，假定说，这些书全是诗歌吧，可是这个人你要他作一首诗，也许他写不出什么好诗。这不是知识多少问题，是训练问题。你有两只脚，两只眼睛，一个脑子，一只右手，想到什么地方就走去，要看什么就看定它，用脑子记忆，且把另一时另一种记忆补充，要写时就写下它，不知如何写时就温习别的作品是什么样式完成。如此训练下去，久而久之，自然就弄对了。

　　学术专家需要专门学术的知识，文学作者却需要常识和想象。有丰富无比的常识，去运用无处不及的想象，把小说写好实在是件太容易的事情了。懒惰畏缩，在一切生活一切工作上皆不会有好成绩，当然也不能把小说写好。谁肯用力多爬一点路，谁就达到高一点的峰头。历史上一切伟大作品，都不是偶然成功的。每个大作家总得经过若干次失败，受过许多回挫折，流过不少滴汗水，才把作品写成。你虽不见过托尔斯泰，但你应当相信托尔斯泰这个人的伟大，那么大堆作品，还只是一双眼睛一个脑子一只右手做成的。你如今不是也有两只光光的眼睛，一个健全的脑子，一只强壮的右手吗？你所处的环境，所见的世界，实在说来比托尔斯泰还更幸运一些，你还怕什么？你担心无出路，你是不是真想走路？你不宜于在迈步以前惶恐，得大踏步走向前去。一个作者的基本条件，同从事其他事业的人一样，要勇敢、有恒，不怕失败，不以小小成就自限。……

原载《废邮存底》

原题为"给一个读者"

技巧就是求恰当

几年来文学词典上有个名词极不走运,就是"技巧"。多数人说到技巧时,就有一种鄙视意识。另外有一部分人却极害羞,在人面前生怕提这两个字。"技巧"两个字似乎包含了纤细、琐碎、空洞等等意味,有时甚至于带点猥亵下流意味。对于小玩具、小摆设,我们褒奖赞颂中,离不了"技巧"一词,批评一篇文章,加上"技巧得很"时,就隐喻似褒实贬。说及一个人,若说他"为人有技巧",这人便俨然是个世故滑头样子。总而言之,"技巧"一字已被流行观念所限制,所拘束,成为要不得的东西了。流行观念的成立,值得注意,流行观念的是非,值得讨论。

《诗经》上的诗,有些篇章读来觉得极美丽,《楚辞》上的义章,有些读来也觉得极有热情,它们是靠技巧存在的。骈体文写得十分典雅，八股文章写得十分老到，毫无可疑，也在技巧。前者具永久性，因为注重安排文字，达到另外一个目的，就是亲切，妥帖，近情，合理的目的。后者无永久性，因为除了玩弄文字以外毫无好处，近于精力白费，空洞无物。同样是技巧，技巧的价值，是在看它如何使用而决定的。

一件恋爱故事，赵五爷爱上了钱少奶奶，孙大娘原是赵五爷的宝贝，知道情形，觉得失恋，气愤不过，便用小洋刀抹脖子自杀了。同样这么一件事，由一个新闻记者笔下写来，至多不过是就原来的故事，加上死者胡同名称，门牌号数，再随意记记屋中情形，附上几句公子多情，佳人命薄，……于是血染茵席，返魂无术，如此如此而已。可是这件事若由冰心女士写下来，大致就不同了。记者用的是记者笔调，可写成一篇社会新闻。冰心女士懂得文学技巧，又能运用文学技巧，也许写出来便成一篇杰作了。从这一点说来，一个作品的成立，是从技巧上着眼的。

同样这么一件事，冰心女士动手把它写成一篇小说，称为杰作；另外一个作家，用同一方法，同一组织写成一个作品，结果却完全失败。在这里，我们更可以看到一个作品的成败，是决定在技巧上的。

就"技巧"一词加以诠释，真正意义应当是"选择"，是"谨慎处置"，是"求妥帖"，是"求恰当"。一个作者下笔时，关于运用文字铺排故事方面，能够细心选择，能够谨慎处置，能够妥帖，能够恰当，不是坏事情。假定有一个人，在同一主题下连续写故事两篇，一则马马虎虎，信手写下，杂凑而成；一则对于一句话一个字，全部发展，整个组织，皆求其恰到好处，看去俨然不多不少。这两个作品本身的优劣，以及留给读者的印象，明明白白，摆在眼前。一个懂得技巧在艺术完成上的责任的人，对于技巧的态度，似乎应当看得客观一点的。

也许有人会那么说："一个作品的成功，有许多原因。其一是文字经济，不浪费，自然，能亲切而近人情，有时虽有某些夸张，那好处仍然是能用人心来衡量，用人事做比较。至于矫揉造作，雕琢刻画的技巧，没有它，不妨事。"请问阁下：能经济，能不浪费，能亲切而近人情，不是技巧是什么？所谓矫揉造作，实在是技巧不足；所谓雕琢刻画，实在是技巧过多。是"不足"与"过多"的过失，非技巧本身过失。

文章徒重技巧，于是不可免转入空洞，累赘，芜杂，猥琐的骈体文与应制文产生。文章不重技巧而重思想，方可希望言之有物，不做枝枝节节描述，产生伟大作品。所谓伟大作品，自然是有思想，有魄力，有内容，文字虽泥沙杂下，却具有一泻千里的气势的作品。技巧被诅咒，被轻视，同时也近于被误解，便因为，一，技巧在某种习气下已发展过多，转入空疏；二，新时代所需要，实在不在乎此。社会需变革，必变革，方能进步。徒重技巧的文字，就文字本身言已成为进步阻碍，就社会言更无多少帮助。技巧有害于新文学运动，自然不能否认。

唯过犹不及。正由于数年来技巧二字被侮辱，被蔑视，许多所谓有思想的作品企图刻画时代变动的一部分或全体，在时间面前，却站立不住，反而更容易被"时代"淘汰忘却了。一面流行观念虽已把技巧二字抛入茅坑里，事实是，有思想的作家，若预备写出一点有思想的作品，引起读者注意，推动社会产生变革，作家应当做的第一件事，还是得把技巧学会。

目前中国作者，若希望把本人作品成为光明的颂歌，未来世界的圣典，既不知如何驾驭文字，尽文字本能，使其具有光辉，效力，更不知如何安排作品，使作品产生魔力，这颂歌，这圣典，是无法产生的。

人类高尚的理想，健康的理想，必须先溶解在文字里，这理想方可成为"艺术"。无视文字的德行与效率，想望作品可以做杠杆，作火炬，作炸药，皆为徒然妄想。

因为艺术同技巧原本不可分开，莫轻视技巧，莫忽视技巧，莫滥用技巧。

原载《创作杂谈》
原题为"论技巧"

天才和灵感都毫无意义

民国十五年（1926年）以来，随了中国新文学的发展，有两个极无意思的名词，第一个是"天才"，第二个是"灵感"。两个名词虽从不为有识者所承认，但在各种懒人谬论中，以及一般平常人意见中，莫不可以看出两个糊涂字眼的势力存在，使新文学日趋于萎瘁，失去健康，转入个人主义的乖僻。或字面异常奢侈，或字面异常贫俭，大多数作品，不是草率平凡，便是装模作样地想从新风格取得成功，内容却莫不空空洞洞。原因虽不止一端，最主要的原因，实在就是一般作者被这两个名词所迷惑毒害，因迷信而失去理性的结果。换言之，也是为懒惰解嘲的结果。

作者若对于"天才"怀了一种迷信，便常常疏忽了一个作者使其作品伟大所必需的努力；对于"灵感"若也同样怀了一种迷信，便常常在等候灵感中把十分可贵的日子轻轻松松打发走了。

成名的作者因这点迷信而成的局面，是作品在量上稀奇的贫乏。仿佛在自觉"天才已尽，灵感不来"的情形中，大多数作者皆搁了笔。为这搁笔许多年轻人似乎皆很不安，其实这并不是可忧虑的事情。因这种迷信，将使他们本人与作品皆宜乎为社会忘去，且较先一时，他们即或有所写作，常常早就忘了社会的。一个并不希望把自己的生命力量真正渗入社会里面去的人，凭一点儿迷信，使他们活得窄一些，同时也许就正可以使他们把对于人类的坏影响少一些。他们活着，如小缸中一尾金鱼很俨然地那么活着，到后要死了，一切也就完事了，金鱼生存的意义，只在炫人眼目，许多人也欢喜金鱼。既然有人十分愿意去做金鱼，照我想来，尽他们在不拘什么样子的缸里去生活，我们也应当把他们当作金鱼看待，不宜希望他们太多，他们的生活态度，大多数人也不必十分注意的。

但一些还未成名的或正预备有所写作的青年作者，若不缺少相似的迷信时，却实在十分可惜。因为这些人若知道好好如何去发展自己，他们的好作品，也正可以如另一时或另一国度一般好作品样子，能在社会民族方面发挥极大极良好影响。

但这些人若尽记着"天才"两个字，便将养成一种很坏的性格，对于其他作品，他明白是很好的，他必以为那是天才产生的东西，他做不到，就不肯努力去做。那作品他觉得不好，在社会上又正是大多数人所需要的，他会以为这作品所表现的并无天才，只是人工技巧，他又不屑于努力去做。他做出来自以为很好，却不能如别人作品一般成功时，他便想起"天才历来很少为人认识"一句旧话，自欺自慰下去。他模仿了什么人的文章,写成了一篇稍稍像样东西,为了掩饰他的模仿,有机会给他开口时,他又必说:"这是我……"自然的,说这句时,他不会用"天才"字样,或许说的是另外一个字眼,还说得很轻,但他意思却在告人那成就"应由天才负责"。

这些人相信天才的结果,是所谓纪念碑似的作品,永无机会可以希望从他们手中产生。这些人相信天才以外还相信灵感,便使他们异常懒惰起来,因为在任何懒惰情形下,皆可以用"灵感不来"作为盾牌,挡着因理性反省伴同而来的羞惭与痛苦。

对于中国新文学怀了一种期待,很关心它的发展,且计算到它发展在社会方面的得失的,自然很有些人。这些人或常从论文上,反复说明作者思想倾向的抉择,或把希望放在更年轻一点的作家方面去。其实一切理论毫无裨于伟大作品的产生。一个有迷信无理性的民族,也许因迷信而凝聚了这个民族的精力,还有可能产生点大东西,至于一个因迷信而弄懒惰了的作家,还有什么可以希望?

中国目前指示作家方向的理论文章已够多了,却似乎还无一篇理论文章指示到作家做"人"的方法,即写作最不可少的诚恳朴素态度。倘若有这种人来做这种论文,我建议起始便应当说:

人类最不道德处,是不诚实与懦怯。作家最不道德处,是迷信天才与灵感的存在;因这点迷信,把自己弄得异常放纵与异常懒惰。……

原载《废邮存底》
原题为"致《文艺》读者"

写作时要独断，要彻底地独断

先生，真亏你们的耐心和宽容，许我在这十年中一本书接一本书印出来。花费金钱是小事，花费你们许多宝贵时间，我心里真难受。我们未必有机会见面或通信，但我知道你我相互之间无形中早已有了一种友谊流通。我尊重这种友谊。不过我虽然写了许多东西，我猜想你们从这儿得不到什么好处。你们目前所需要的或者我竟完全没有过。

过去一时有个书评家称呼我为"空虚的作家"，实代表了你们一部分人的意见。那称呼很有见识。活在这个伟大时代里，个人实在太渺小了。我知道的并不比任何人多。对于广泛的人生种种，能用笔写到的只是很窄很小一部分。我表示的人生态度，你们从另外一个立场上看来觉得不对，那也是很自然的。倘若我作品不合你们的趣味，事不足奇，原因是我的写作还只算是给我自己终生工作一种初步的试验。你们喜欢什么，了解什么，切盼什么，我一时尚注意不到。

我虽明白人应在人群中生存，吸取一切人的气息，必贴近人生，方能扩大他的心灵同人格。我很明白！至于临到执笔写作那一刻，可不同了。我除了用文字捕捉感觉与事象以外，俨然与外界绝缘，不相黏附。我以为应当如此，必须如此。一切作品都需要个性，都必浸透作者人格和感情，想达到这个目的，写作时要独断，要彻底地独断！（文学在这时代虽不免被当作商品之一种，便是商品，也有精粗，且即在同一物品上，制作者还可匠心独运，不落窠臼，社会上流行的风格，流行的款式，尽可置之不问。）

先生，不瞒你，我就在这样态度下写作了近十年。十年不是一个短短的时间，你只看看同时代多少人的反复"转变"和"没落"就可明白。我总以为这个工作比较一切事业还艰辛，需要日子从各方面去试验。作品失败了，不足丧气，不妨重来一次；成功了，也许近于凑巧，不妨再换个方式看看。不但读者如何不能引起我的注意，便是任何一种批评和意见，目前似乎都不需要。如果这件事你们把它叫作"傲慢"，就那么称呼下去好了，我不想分辩。我只觉得我至少还应当保留这种孤立态度十年，方能够把那个充满了我也更贴近人生的作品和你们对面。目前我的工作还刚好开始，若不中途倒下，我能走的路还很远。

这世界上或有想在沙基或水面上建造崇楼杰阁的人，那可不是我。我只想造希腊小庙。选山地作基础，用坚硬石头堆砌它。精致，结实，匀称，形体虽小而不纤巧，是我理想的建筑。这神庙供奉的是

"人性"。做成了，你们也许嫌它式样太小了，不妨事。我已说过，那原本不是特别为你们中某某人做的。它或许目前不值得注意，将来更无希望引人注意；或许比他们寿命长一点，受得住风雨寒暑，受得住冷落，幸而存在，后来人还需要它。这我全不管。我不过要那么做，存心那么做罢了。在作品中我使用"习作"字样，不图掩饰作品的失败，得到读者的宽容，只在说明我取材下笔不拘常例的理由。

先生，关于写作我还想另外说几句话。我和你虽然共同住在一个都市里，有时居然还有机会同在一节火车上旅行，一张桌子上吃饭，可是说真话，你我原是两路人。提到这一点你不用误会，不必难受，我并没有看轻你的意思。你不妨想象为人比我高超一等，好书读得比较多，人生知识比较丰富，道德品性比较齐全，——总而言之一切请便。只是我们应当分开。有一段很长很长的时间，你我过的日子太不相同了。你我的生活、习惯、思想，都太不相同了。

我实在是个乡下人。说乡下人我毫无骄傲，也不在自贬，乡下人照例有根深蒂固永远是乡巴佬的性情，爱憎和哀乐自有它独特的式样，与城市中人截然不同！他保守，顽固，爱土地，也不缺少机警，却不甚懂诡诈。他对一切事照例十分认真，似乎太认真了，这认真处某一时就不免成为"傻头傻脑"。这乡下人又因从小漂江湖，各处奔跑，挨饿，受寒，身体发育受了障碍，另外却发育了想象，而且储蓄了一点点人生经验。即或这个人已经来到大都市中，同你们做学生——我敢说你们大多数是青年学生——生活在一处，过了十来年日子。也各以因缘多少读了一点你们所读的书，某一时且居然到学校里去教书。也每天照例阅读报纸，对时事发生愤慨，对汉奸感觉切齿。

也常常同朋友争论，题目不外乎中国民族的出路，外交联俄亲日的得失，以至于某一本书的好坏，某一个作品的好坏。也有时伤风，必需吃三五片发汗药，躺一两天。机会凑巧等到对于一个女子发生爱情时，也还得昏头昏脑的恋爱，抛下日常正经事不做，无日无夜写那种永远写不完同时也永远写不妥的信，而且结果就结了婚。自然的，表面生活我们已经差不多完全一样了。

可是试提出一两个抽象的名词说说，即如"道德"或"爱情"吧，分别就见出来了。我既仿佛命里注定要拿一支笔弄饭吃，这支笔又侧重在写小说，写小说又不可免的在故事里对于"道德""爱情"以及"人生"这类名词有所表示，这件事就显得划分了你我的界限。请你试从我的作品里找出两个短篇对照看看，从《柏子》同《八骏图》看看，就可明白对于道德的态度，城市与乡村的好恶，知识阶级与抹布阶级的爱憎，一个乡下人之所以为乡下人，如何显明具体反映在作品里。这不过是一个小小例子罢了，你细心，应当发现比我说到的更多。有许多事情可以说是我的弱点，但你也应当知道我这个弱点。

我这种乡下人的气质倘若得到你的承认，你就会明白我的作品目前和多数读者对面时如何失败的理由了。即或有一两个作品给你们留下点好印象，那仍然不能不说是失败！因为我作品能够在市场上流行，实际上近于买椟还珠。你们能欣赏我故事的清新，照例那背后蕴藏的热情却忽略了；你们能欣赏我文字的朴实，照例那作品背后隐伏的悲痛也忽略了。原因简单，你们是城市中人。城市中人生活太匆忙，太杂乱，耳朵眼睛接触声音光色过分疲劳，加之多睡眠不足，营养不足，虽俨然事事神经异常尖锐敏感，其实除了色欲意识和个人得失以外，别的感觉官能都有点麻木不仁。这并非你们的过失，只是你们的不幸。造成你们不幸的是这一个现代社会。

就文学欣赏而言，却又有过多的理论家和批评家，弄得你们头晕目眩。两年前，我常见有人在报章杂志上写论文和杂感，针对着"民族文学"问题、"农民文学"问题有所讨论。讨论不完，补充辱骂。我当时想：这些人既然知识都丰富异常，引经据典头头是道，立场又各不相同，一时必不会有如何结论。即或有了结论，派谁来证实？谁又能证实？我这乡下人正闲着，不妨试来写一个小说看看吧。因此《边城》问了世。

这作品原本近于一个小房子的设计，用料少，占地少，希望它既经济而又不缺少空气和阳光。我要表现的本是一种"人生的形式"，一种"优美，健康，自然而又不悖乎人性的人生形式"。我主意不在领导读者去桃源旅行，却想借重桃源上行七百里路酉水流域一个小城小市中几个愚夫俗子，被一件普通人事牵连在一处时，各人应有的一分哀乐，为人类"爱"字作一度恰如其分的说明。文字少，故事又简单，批评它也方便。只看它表现得对不对，合理不合理。若处置题材，表现人物一切都无问题，那么，这种世界虽消灭了，自然还能够生存在我那故事中。这种世界即或根本没有，也无碍于故事的真实。这作品从一般读者印象上找答案，我知道没有人把它看成载道作品，也没有人觉得这是民族文学，也没有人认为是农民文学。我本来就只求效果，不问名义；效果得到，我的事就完了。

不过这本书一到了批评家手中，就有了花样。一个说，"这是过去的世界，不是我们的世界，我们不要。"一个却说，"这作品没有思想，我们不要。"很凑巧，恰好这两个批评家一个属于民族文学派，一个属于对立那一派。这些批评我一点儿也不吃惊。虽说不要，然而究竟来了，烧不掉的，也批评不倒的。原来他们要的他们自己也没有，我写出的又不是他们预定的形式，真无办法。我别无意见可说，只觉得中国倘若没有这些说教者，先生，你接近我这个作品，也许可以得到一点东西。不拘是什么，或一点忧愁，一点快乐，一点烦恼和惆怅，甚至于痛苦难堪，多少总得到一点点。你倘若毫无成见，还可慢慢地接触作品中人物的情绪，也接触到作者的情绪，那不会使你堕落的！只是可惜你们大多数即不被批评家把眼睛蒙住，另一时却早被理论家把兴味凝固了。

你们多知道要作品有"思想"，有"血"有"泪"，且要求一个作品具体表现这些东西到故事发展上，人物言语上，甚至于一本书的封面上，目录上。你们要的事多容易办！可是我不能给你们这个。我存心放弃你们，在那书的序言上就写得清清楚楚。我的作品没有这样也没有那样。你们所要的"思想"，我本人就完全不懂你说的是什么意义。

提到这点，我感觉异常孤独。乡下人实在太少了。倘若多有两个乡下人，我们这个"文坛"会热闹一点吧。目前中国虽也有血管里流着农民的血的作者，为了一时宣传上的"成功"，却多数在体会你们的兴味，阿谀你们的情趣，博取你们的注意。自愿做乡下人的实在太少了。

虽然如此，我还预备继续我这个工作，且永远不放下我一点狂妄的想象，以为在另外一时，你们少数的少数，会越过那条间隔城乡的深沟，从一个乡下人的作品，发现一种燃烧的感情，对于人类智慧与美丽永远的倾心，康健诚实的赞颂，以及对于愚蠢自私极端憎恶的感情。这种感情且居然能刺激你们，引起你们对人生向上的憧憬，对当前腐烂现实的怀疑。先生，这打算在目前近于一个乡下人的打算，是不是？然而到另外一时，我相信有这种事。

节选自《序跋集》
原题为"《从文小说习作选》代序"

论特写

近十余年来,报纸上的特写栏,已成为读者注意中心。有些报道文章,比社论或新闻还重要,比副刊杂志上文章,也更能吸引读者,不仅给人印象真实而生动,还将发生直接广泛教育效果。这种引人入胜的作用,即或只出于一种来源不远的风气习惯,可是我们却不能不承认,在已成风气习惯后这类作品的真实价值,必然得重估!它的作用在目前已极大,还会影响到报纸的将来,更会影响到现代文学中散文和小说形式及内容。特写大约可分作三类,即专家的"专题讨论"和普通外勤的"叙事""写人"。本文只谈一谈用新闻记者名分作的"叙事"。

试就几个"大手笔"的作品来看,就可知他们的成就并非偶然。凡属叙事,不能缺少知识、经验和文笔,正如用笔极有分寸的记者之一徐盈先生所说：要眼到，心到，手到，才会写得出好的报道文章。他说的自然出于个人心得，一般学习可不容易从这三方面得到证实。因为"三到"未必就可产生好文章。同是知识、经验和文笔，在将三者综合表现上，得失就可见出极大差别。检视这点差别时，有时可用个人立场、兴趣或政治信仰、人生态度不同做说明（但这完全是表面的解释）。有时又似乎还得从更深方面去爬梳（即如此钩深索隐，将依然无什么结果）。为的是它正如文学，一切优秀成就，一切崭新风格都包含了作者全生命人格的复杂综合，彼此均不相同。能理解可不容易学习，比一个伟大作品容易认识理解，但也比同一伟大作品难于把握取法。

以个人印象言，近十年这部门作品的成就，可说量多而质重，实值得当成一个单独项目来研究，来学习。把四个作者成就作例，可测验一下这类作品是否除"普及"外还有点"永久性"，是否除"通常效果"外还有点"特别价值"。这四个人的姓名和作品是：

范长江的《塞上行》；

赵超构的《延安一月》；

萧乾的《南德暮秋》及其他国外通讯纪事；

徐盈的《西南纪游》《烽火十城》《华北工业》。

九一八后华北问题严重而复杂，日本人用尽种种方法使之特殊化，南京政府和地方政府却各有打算，各有梦想。国人谈华北问题，很显明，一切新闻，一切理论，若不辅助以当时在《大公报》陆续发表的《长江通讯》，是不容易有个明确的印象的。作者谈军事政治部分，欢喜连叙带论。从一个专家看来，可以说多拾人牙慧，未必能把握重心。但写负责人在那一片土地上的言谈活动及社会情况，却得到极大成功。比如写百灵庙之争夺过程，写绥远、大同、张家口之社会人事，写内蒙古和关内经济关系，……以及这几个区域日本人的阴谋与活动，都如给读者看一幅有声音和性格的彩色图画。这点印象是许多人所同具的。

所以到抗战时期民国二十七八年（1938—1939年），这些通讯结集的单行本，就经几个朋友推荐，成为西南联大国文系一年级同学课外读物。因为大家都觉得，叙事如果是习作条件之一，这本书宜有助于学习叙事。尤其是战事何时结束不可知，倘若有一天大学生必须从学校走出，各自加入军队或其他部门工作，又还保留个写杂记作通讯的兴趣时，这本书更值得做一本必读书。但结果却出人意料，同学看巴金、茅盾小说完篇的多，看《塞上行》保留深刻印象的却并不多。这本书在时间上发生了隔离作用，所说到的一切事情，年轻朋友失去了相关空气，专从文学上欣赏，便无从领会，竟似乎比其他普通游记还不如了。

读朱自清的《欧游杂记》，郁达夫的《钓台春昼》，邓以蛰的《西班牙斗牛》，徐志摩的《我所知道的康桥》，都觉得有个鲜明印象，读《塞上行》竟看不下去。在这里，让我们明白一个问题，即新闻纪事那时候和文学作品在读者印象中还是两件事。学校中人对于文学作品印象，大都是从中小学教科书的取材所范围，一面更受一堆出版物共同作成的印象所控制，新闻纪事由于文体习惯不同，配合新闻发表，能吸引读者，单独存在，当作文学作品欣赏，即失去其普遍意义，更难说永久性了。

第二种作品与前作相隔已十年,是和平前后轰动一时的《延安的一月》。从作品言,作者用笔谨慎而忠实,在小处字里行间隐含褒贬,让读者可以体会。他写的虽不是历史,可得要个历史家的忠正与无私。他的长处不仅值得称道,还值得取法。从读者言,这个区域的人和事,是国内年轻人希望和忧虑的集中点,如今对国人关心诸事能一一叙述,作品成功可说是必然的。

《大公报》记者萧乾,算是中国记者从欧洲战场讨经验供给国人以消息的一人。他明白,重大事件有英美新闻处不惜工本的专电,和军事新闻影片,不用他操心。所以他写伦敦轰炸,就专写小事。如作水彩画,在设计和用色上都十分细心,使成为一幅明朗生动的速写。写英国人民在钢铁崩裂,房屋圮坍,生命存亡莫卜情景中,接收分定上各种挫折时,如何永远不失去其从容和幽默,不失去对战事好转的信心;写人性中的美德,与社会习惯所训练的责任;写对花草和猫犬的偏爱。即不幸到死亡,仿佛从死亡中也还可见出生机。这种通讯寄回中国不久,恰恰就是重庆、昆明二市受日机疲劳轰炸最严重,而一切表现,也正是同盟国记者用钦佩和同情态度作报道时。

看萧乾作品,更容易引起国人一种克服困难的勇气和信心。这可说是中国记者用抒情的笔,写海外战争报道配合国内需要最成功的一例。并且这只是个起点,作者作品给读者的印象更深刻的,还应当数随盟军进入欧陆的报道,完全打破了新闻的纪录。用一个诗人的笔来写经过战火焚烧后欧陆的城乡印象,才真是"特写"。虽说作品景物描绘多于事件叙事,抒情多于说理,已失去新闻叙事应有习惯,但迄今为止,我还不曾见有其他作者,能将"新闻叙事"和"文学抒情"

结合得如此恰到好处，取得普遍而持久成功的。

但是从教育观点出发，来检查一下这部门作品成就时，个人却和国内许多青年读者有相同印象，对于徐盈先生近十年的贡献，表示敬意。从二十三年《国闻周报》时代，作者带调查性的游记见出一支笔和农村经济关联十分密切。但那时候报纸特写栏，正是"范长江时代"，注意这种有知识有见解游记的人并不多。抗战后，却载出了作者有关西南诸省及后方建设的种种报道，用区域特性作单位，由人事到土地，一一论述，写他的《西南纪游》人事禁忌多，虽畅所欲言，涉及其他问题时，又怕和对外有关，说多了或者反而会为敌伪利用。然而从教育后方年轻读者意义说来，作者一支笔实已尽了最大努力。且处处隐见批评，尤其是属于政治经济上人事弱点，和工业技术上两难，从当事方面所报道和牢骚，都能归纳于叙述中，对普通读者为鼓励，对当事方面却具建议性和批判性。作者最应受推重的较近作品还是复员期间军调进行时写成的各篇章。

《烽火十城》和有关华北日本人十年经营，国人接收一年即破坏殆尽的《华北工业》。前者写追随马歇尔飞来飞去于华北五省几个大据点上所见到的人物，所接触的人事，把握问题既准确，叙述复生动，可说是数十年来最有生命的一个叙事诗。不仅在当时有教育作用，于明日还有历史作用，文笔活泼而庄严。尤其是作者从叙述中有轻有重，所暗示政治上的失败，给读者的启发亦甚多。后一书的写作方法大不相同，多就各方面所得统计资料、报告，加以综合排比，更就个人眼目接触，来写这些工业单位前前后后如何由"存在"而"停顿"，由"有"而变"无"，在对照上更充分叙述某一方面的无知自私而贪得，形成的接收的失败，如何惨，如何无可补救！一切专门家和有良心的公民，活在这个悲剧环境中，都只有深刻痛苦和手足无措。

如果"必读书"的制度还保存，除大学中学生外，还有指派地方官吏、军营将士和军校学生的可能，我想这个应当是本值得推荐的小书。因为让读者明白由于少数人只想从战争找结论，仅仅华北平津一个单位，即毁坏多少建设，影响到这个国家将来严重到什么程度！过去的事虽然已无法补救，未来是否尚可做些安排，凡事都还要看未来。不过这个作品的存在价值，与文学实不相干，虽然作者在文学创作多方面做过尝试，传记、小说、戏剧、电影剧本，都曾有成就，这个作品的好处，可说恰恰是缺少文学性却不失其永久性。虽如一个专题分析，却是用一个叙事方法引领读者进入本题。

从这四个人的工作表现，检查到新闻叙事的得失时，我们明白，即一个优秀特写作者，广泛的认识与人类的温情，都不能缺少。理想的叙事高手，还必须有一个专门家或学者的知识，以及一个诗人一个思想家的气质，再加上点宗教徒的热情和悲悯，来从事这个工作，十年八年才可望有新而持久的记录。人才如何从学习训练来培育，以我私见，国内大学新闻系的课程，或得重新设计设计了。因为这部门的工作，从报馆主持人来说，目前还看不出比社论见出抽象价值，比广告见出具体价值。但事实上容许寄托一些更新的希望于未来。

新闻系的主持人若具远见，把"业务管理"与"持笔作文"于第三年分组，使某一组学生给予文史修养，及哲学，美术，心理，社会等等课程分量加重，学习用笔也得做个长期训练，应当是值得考虑的试验。若照目前制度和方式，可不大济事，不仅浪费了许多优秀人才,且把这部门工作可寄托的希望,也浪费了。

这件事现在说来,也许像是痴人说梦,和"现实"不大调和。因为即就特写作者本身言,是乐意用一个普通新闻从业员身份来推进工作,把个人渡入政界?还是打量来用笔作桥梁,渡入思想家领域?正因为此,更让我们对一群在大学学习正在生长的后来者,为增加他们对人类服务的热忱,以及独立人格的培养、文笔有效率地应用,觉得还应当做点准备。不仅学校的课程待补充修正,即我们对于这种优秀记者的优秀成就,也得重新认识,估价,并寄托以较多希望,才是道理!

原载《创作杂谈》

短篇小说

说到这个问题以前,我想在题目下加上一个子题,比较明白。

"一个短篇小说的作者,谈谈短篇小说的写作,和近二十年来中国短篇小说的发展。"

因为许多人印象里意识里的短篇小说,和我写到的说起的,可能是两样不同的东西,所以我还要老老实实声明一下:这个讨论只能说是个人对于小说一点印象,一点感想,一点意见,不仅和习惯中的学术庄严标准不相称,恐怕也和前不久确定的学术一般标准不相称。世界上专家或权威,在另外一时对于短篇小说规定的"定义","原则","作法",和文学批评家所提出的主张说明,到此都暂时失去了意义。

什么是我所谓的"短篇小说"?要我立个界说,最好的界说,应当是我作品所表现的种种。若需要归纳下来简单一点,我倒还得想想,另外一时给这个题目作的说明,现在是不是还可应用。三年前我在师范学院国文会讨论会上,谈起"小说作者和读者"时,把小说看成"用文字很恰当记录下来的人事"。因为既然是人事,就容许包含了两个部分:一是社会现象,是说人与人相互之间的种种关系;一是梦的现象,便是说人的心或意识的单独种种活动。单是第一部分容易成为日常报纸记事,单是第二部分又容易成为诗歌。必须把人事和梦两种成分相混合,用语言文字来好好装饰剪裁,处理得极其恰当,才可望成为一个小说。

我并不觉得小说必须很"美丽",因为美丽是在文字辞藻以外可以求得的东西。我也不觉得小说需要很"经济",因为即或是个短篇,文字经济依然并不是这个作品成功的唯一条件。我只说要很"恰当",这恰当意义,在使用文字上,就容许不怕数量的浪费,也不必对于辞藻过分吝啬。故事内容呢,无所谓"真",亦无所谓"伪"(更无深刻平凡区别),要的只是那个"恰当"。文字要恰当,描写要恰当,全篇分配更要恰当。作品的成功条件,就完全从这种"恰当"产生。

我们得承认,一个好的文学作品,照例会使人觉得在真美感觉以外,还有一种引人"向善"的力量。我说的"向善",这个词的意思,并不属于社会道德一方面"做好人"的理想,我指的是这个:读者从作品中接触了另外一种人生,从这种人生景象中有所启示,对"人生"或"生命"能做更深一层的理解。普通做好人的乡愿道德,社会虽异常需要,有许多简便方法工具可以利用,"上帝"或"鬼神","青年会"或"新生活",或对付他们的心,或对付他们的行为,都可望从那个"多数"方面产生效果。不必要文学来做。

至于小说可做的事，却远比这个重大，也远比这个困难。如像生命的明悟，使一个人消极地从肉体爱憎取予，理解人的神性和魔性，如何相互为缘，并明白生命各种形式，扩大到个人生活经验以外，为任何书籍所无从企及。或积极的提示人，一个人不仅仅能平安生存即已足，尚必须在他的生存愿望中，有些超越普通动物的打算，比饱食暖衣保全首领以终老更多一点的贪心或幻想，方能把生命引导到一个崇高理想上去。这种激发生命离开一个动物人生观，向抽象发展与追求的兴趣或意志，恰恰是人类一切进步的象征。这工作自然也就是人类最艰难伟大的工作。

推动或执行这个工作，文学作品实在比较别的东西更其相宜。若说得夸大一点，到近代，别的工具都已办不了时，唯有"小说"还能担当这种艰巨。原因简单而明白：小说既以人事为经纬，举凡机智的说教，梦幻的抒情，一切有关人类向上的抽象原则学说，无一不可以把它综合组织到一个故事发展中。印刷术的进步，交通工具的进步，既得到分布的便利，更便利的还是近千年来读者传统的习惯，即多数认识文字的人，从一个故事取得娱乐与教育的习惯，在中国还好好存在。加之用文学作品来耗费他个人剩余生命，取得人生教育，从近三十年来青年学生方面说，在社会心理上即贤于博弈。

所以在过去，《三国志》或《红楼梦》所有的成就，显然不是用别的工具可以如此简便完成的。在当前，几个优秀作家在国民心理影响上，也不是什么做官的专家、部长、委员可办到的。在将来，一个文学作者若具有一种崇高人生理想，这理想希望它在读者生命中保有一种势力，将依然是件极其容易事情。用"小说"来代替"经典"，这种大胆看法，目前虽好像有点荒唐，却近于将来的事实。

这是我三年前对于小说的解释，说的虽只是"小说"，把它放在"短篇小说"上，似乎还说得通。这种看法也许你们会觉得可笑，是不是？不过真正可笑的还在后面，因为我个人还要从这个观点上来写三十年！二十年在中国历史上，算不得一个数目，但在个人生命中，也就够瞧了。这种生命的投资，普通聪明人是不干的！

有人觉得好笑以外也许还要有点奇怪，即从我说这问题一点钟两点钟得来的印象，和你们事先所猜想到的，读十年书听十年讲记忆中所保留的，很可能都不大相合。说说完了，于是散会。散会以后，有的人还当作笑话，继续谈论下去，有的人又匆匆忙忙地跑出大南门，预备去看九点场电影，有的人说不定回到宿舍，还要骂骂，"岂有此理"。这样或那样，总而言之，是不可免的。过了三点钟后，这个问题所能引起的一点小小纷乱也差不多就完事了。这也就正和我所要说的题目相合，与一个"短篇小说"在读者生命中所占有的地位相合，讲的或写的，好些情形都差不多。这并不是人生的全部，只那么一点儿，所要处理的，说他是作者人生的经验也好，是人生的感想也好，再不然，就说他是人生的梦也好。

总之，作者所能保留到作品中的并不多，或者是一闪光，一个微笑，以及一瞥即成过去的小小悲剧，又或是一个人濒临生死边缘做的短期挣扎。不管它是什么，都必然受种种限制，受题材、文字以及读者听者那个"不同的心"所限制。所以看过或听过后，自然同样不久完事。不完事的或者是从这个问题的说明、表现方式上，见出作者一点语言文字的风格和性格，以及处理题材那点匠心独运的巧思，作品中所蕴蓄的人生感慨与人类爱。如果是讲演，连续到八次以上，从各个观点去说明的结果，或者能建设出一个明明朗朗的人生态度。如果是作品，一本书也不会给读者相同印象。至于听一回，看一篇，使对面的即能有会于心，保留一种深刻印象，对少数人言，即或办得到，对多数人言，是无可希望的！

新文学中的短篇小说，系随同二十二年前那个五四运动发展而来。文学运动本在五四运动以前，民国六年（1917年）左右，即由陈独秀、胡适之诸先生提出来，却因五四运动得到"工具重造、工具重用"的机会。当时谈思想解放和社会改造，最先得到解放是文字，即语体文的自由运用。思想解放、社会改造问题，一般讨论还受相当限制时，在文学作品试验上，就得到了最大的自由，从试验中日有进步，且得到一个"多数"（学生）的拥护与承认。虽另外还有个"多数"（旧文人与顽固汉）在冷嘲恶咒，它依然在幼稚中发育成长，不到六七年，大势所趋，新的中国文学史，就只有白话文学作品可记载了。谈到这点过去时，其实应当分开来说说，因为各部门作品的发展经过和它的命运，是不大相同的。

新诗革命当时最与传统相反，情形最热闹，最引起社会注意（作者极兴奋，批评者亦极兴奋），同时又最成为问题，即大部分作品是否算得是"诗"的问题。

戏剧在那里讨论社会问题，处理思想问题，因之有"问题"而无"艺术"，初期作者成绩也就只是热闹，作品并不多，且不怎么好。

小说发展得平平常常，规规矩矩，不如诗那么因自由而受反对，又不如戏那么因庄严而抱期望，可是在极短期间中却已经得到读者认可继续下去。先从学生方面取得读者，随即从社会方面取得更多的读者，因此奠定了新文学基础，并奠定了新出版业的基础。

若就近二十年来过去做个总结算，看看这二十年的发展，作者多，读者多，影响大，成就好，实应当推短篇小说。这原因加以分析，就可知道一是起始即发展得比较正常，作品又得到个自由竞争机会，新陈代谢作用大些，前赴后继，人才辈出，从作品中沙中拣金，沙子多金屑也就不少。其次即是有个读者传统习惯，来接受作品，同时还刺激鼓励优秀作品产生。

若讨论到"短篇小说"的前途时，我们会觉得它似乎是无什么"出路"的。它的光荣差不多已经变成为"过去"了。它将不如长篇小说，不如戏剧，甚至于不如杂文热闹。长篇小说从作品中铸造人物，铺叙故事又无限制，近二十年来社会的变，近五年来世界的变，影响到一人或一群人的事，无一不可以组织到故事中。一个长篇如安排得法，即可得到历史的意义，历史的价值，它且更容易从旧小说读者中吸收那个多数读者，它的成功伟大性是极显明的。戏剧娱乐性多，容易成为大时代中都会的点缀物，能繁荣商业市面，也能繁荣政治市面，所以不仅好作品容易露面，即本身十分浅薄的作品，有时说不定在官定价值和市定价值两方面，都被抬得高高的。就中唯有短篇小说，费力而不容易讨好，将不免和目前我们这个学校中的"国文系"情形相同，在习惯上还存在，事实上却好像对社会不大有什么用处，无出路是命定了的。

不过我想在大家都忘不了"出路"，多数人都被"出路"弄昏了头的时候，来在"国文学会"的讨论会上，给"短篇小说"重新算个命，推测推测它未来可能是个什么情形。有出路未必是好东西，这个我们从跑银行的大学生，有销路的杂志，和得奖的作品即可见到一二。

那么，无出路的短篇小说，还会不会有好作者和好作品？从这部门作品中，我们还能不能保留一点希望，认为它对中国新文学前途，尚有贡献？要我答复，我将说"有办法的"。它的转机即因为是"无出路"。从事于此道的，既难成名，又难牟利，且决不能用它去讨个小官儿做做。社会一般事业都容许侥幸投机，作伪取巧，用极小气力收最大效果，唯有"短篇小说"可是个实实在在的工作，玩花样不来，擅长"政术"的分子决不会来摸它。"天才"不是不敢过问，就是装作不屑于过问。即以从事写作的同道来说，把写短篇小说作终生事业，都明白它不大经济。

这一来倒好了。短篇小说的写作，虽表面上与一般文学作品情形相差不多，作者的兴趣或信仰，却已和别的作者不相同了。支持一个作者的信心，除初期写作，可望从"读者爱好"增加他一点愉快，从事此道十年八年后，尚能继续下去的，作者那个"创造的心"，就必得从另外找个根据。很可能从外面刺激凌轹，转成为自内而发的趋势。作者产生作品那点"动力"，和对于作品的态度，都慢慢地会从普通"成功"，转为自我完成，从"附会政策"，转为"说明人生"。这个转变也可说是环境逼成的，然而，正是进步所必需的。由于作者写作的态度、心境不同，似乎就与杂感离远，与装模作样的战士离远，与逢人握手每天开会的官僚离远，渐渐的却与那个"艺术"接近了。

照近二十年来的文坛风气，一个作家一和"艺术"接近，也许因此一来，他就应当叫作"落伍"了，叫作"反动"了，他的作品并且就要被什么"检查"了，"批评"了，他的主张意见就要被"围剿"了，"扬弃"了。但我们可不必为这事情担心。这一切不过是一堆"词"而已，词是照例摇撼不倒作品的。作品虽用纸张印成，有些国家在作品上浇了些煤油，放火去烧它，还无结果！二三子玩玩字词，用作自得其乐的消遣，未尝无意义。

若想用它作符咒，来消灭优秀作品，其无结果是用不着龟筮卜算的。"落伍"是被证明已经"老朽"，"反动"，又是被裁判得受点处分，使用的意义虽都相当厉害，有时竟好像还和"侦探告密""坐牢杀头"这类事情牵连在一处。但文人用来加到文人头上时，除了满足一种卑鄙的陷害本能，是并无何等意义，不用担心吓怕的。因为这种词用惯后，用多后，明眼人都知道这对于一个诚实的作家，是不会有何作用的。文学还是文学，作品公正的审判人是"时间"（从每个人生命中流过的时间），作品在读者与时间中受试验，好的存在，且可能长久存在；坏的消灭，即一时间偶然侥幸，迟早间终必消灭。一个作者真正可怕的事，是无作品而充作家，或写点非驴非马作品应景凑趣，门面总算支持了，却受不了那个试验，在试验中即黯然无光。

日月流转，即用过去二十年事实作个例，试回头看看这段短短路上的陈迹，也可长人不少见识。当时文坛逐鹿，恰如运动场上赛跑，上千种不同的人物，穿着各式各样的花背心和运动鞋，用各自习惯的姿势，从跑道一端起始，飞奔而前。就中有仅仅跑完一个圈子，即已力不从心，摇摇头退下场了的。有跑到三五个圈子，个人独在前面，即以为大功告成而不再干的。有一面跑一面还打量到做点别的节省气力事情，因此装作摔了一跤，脚——向公务员丛中消失了的。也有得到亲戚、朋友、老板、爱人在旁拍巴掌叫好，自己却实在无出息，一阵子也败溃下来的。大致的说来，跑到三五年后，剩下的人数已不甚多。虽随时都有新补充分子上场，跑到十年后，剩下的可望到达终点的人就不过十来位了。

设若这个竞赛是无终点的，每个人的终点即是死，工作的需要是发自于内的一点做人气概，以及支持三五十年的韧性，跑到后来很可能观众都不声不响，不拍掌也不叫好，多数作家难以为继，原是极其自然的。所以每三五年照例都有几个雄赳赳的人物，写了些得商人出力、读者花钱、同道捧场、官家道贺的作品，结果只在短短"时间"陶冶中，作品即已若存若亡，本人且有改业经商，发了三五万横财，讨个如夫人在家纳福的。或改业从政，做个小小公务员，写点子虚乌有报告的。或傍个小官，代笔做做秘书，安分乐生混日子下去的。这些人倒真是得到了很好的出路！逝者如斯，不舍昼夜，历史虽短，也就够令人深思！

"得到多数"虽已成为一种社会习惯，在文学发展中，倒也许正要借重"时间"，把那个平庸无用的多数作家淘汰掉，让那个真有作为诚敬从事的少数，在极困难挫折中受试验，慢慢地有所表现，反而可望见出一点成绩。（三五个有好作品的作家，事实上比三五百挂名作家更为明日社会所需要，原是显然明白的。）对这个少数作家而言，我觉得他们的工作，正不妨从"文学"方面拉开，安放到"艺术"里去，因为它的写作心理状态，即容易与流行文学观日见背驰，已渐渐和过去中国一般艺术家相近。他不是为"出路"而写作,这个意见是我十三年前提起过的,我以为值得旧事重提,和大家讨论讨论。

记得是民国十七年(1928年)秋天,徐志摩先生要我去一个私立大学讲"现代中国小说",上堂时,但见百个人头在下面转动,我知道许多"脑子"也一定在同样转动。我心想:"和这些来看我讲演的人,我说些什么较好?"所以就在黑板上写了一行字:"请你们让我休息十分钟吧。"我意思倒是咱们大家看看,比比谁看得深。我当然就在那里休息,实在说就是给大家欣赏我那个乱蓬蓬的头,那种狼狈神气。到末后,我开口了,一说就是两点钟。下课钟响后,走到长廊子上时,听到前面两个人说,"他究竟说些什么?"这种讲演从一般习惯看来,自然是失败了。

那次"看"的人可能比"听"的人多,看的人或许还保留一个印象,听的人大致都早已忘掉了。忘不掉的只有我自己,因为算是用"人"教育"我",真正上了一课。这一课使我明白文字和语言、视和听给人的印象,情形大不相同。我写的小说,正因为与一般作品不大相同,人读它时觉得还新鲜,也似乎还能领会所要表现的思想内容。至于听到我说起小说写作,却又因为解释的与一般说法不同,与流行见解不合,弄得大家莫名其妙了。这对于我个人,真是一种离奇的教育。它刺激我在近十年中,继续用各种方式去试验,写了一些作品和读者对面。我写到的一堆故事,或者即已说明我对这个问题的意见和态度,若不曾从我作品中看出一点什么,这种单独的讲演,是只会做成你们的复述那个"他究竟是说什么"印象的。

其实当时说的并不稀奇古怪,不过太诚实一点罢了。"诚实"二字虽常常被文学作家和理论家提出，可是大多数人照例都怕和诚实对面。因为它似乎是个乡巴佬使用的名词，附于这个名词下的是：坦白，责任，超越功利而忠贞不易，超越得失而有所为有所不为。把这名词带到都市上来，对"玩"文学的人实在是毫无用处的。

其实正是文学从商业转入政治，"艺术"或"技巧"都在被嘲笑中地位缩成一个零。以能体会时代风气写平庸作品自夸的，就大有其人。这些人或仿佛十分前进，或俨然异常忠实，用阿谀"群众"或阿谀"老板"方式，认为即可得到伟大成就。另外又有一部分作家，又认幽默为人生第一，超脱潇洒地用个玩票白相态度来有所写作，谐趣气氛的无节制，人生在作者笔下，即普遍成为漫画化。"浅显明白"的原则支配了作者心和手，其所以能够如此，即因为这个原则正可当作作品草率马虎的文饰。风气所趋，作者不甘落伍的，便各在一种预定的公式上写他的传奇，产生并完成他"有思想"的作品。或用一个滑稽讽笑的态度，来写他的无风格、无性格、平庸乏味的打哈哈作品。如此或如彼，目标所在是"得到多数"。用的是什么方法，所得到的又是什么，都不在意。

关于这一点，当时我就觉得，这是不成的。社会的混乱，如果一部分属于一般抽象原则价值的崩溃，作者还有点自尊心和自信心，应当在作品中将一个新的原则重建起来。应当承认作品完美即为一种秩序。一切社会的预言者，本身必须坚实而壮健，才能够将预言传递给人。作者不能只看今天明天，还得有个瞻望远景的习惯，五十年一百年世界上还有群众！新的文学要它有新意，且容许包含一个人生向上的信仰，或对国家未来的憧憬，必须得从另外一种心理状态来看文学，写作品，即超越商业习惯上的"成功"，完全如一个老式艺术家制作一件艺术品的虔敬倾心来处理，来安排。最高的快乐从工作本身即可得到，不待我求。这种文学观自然与当时"潮流"不大相合，所以对我本来怀有好感的，以为我莫名其妙；对我素无好感的，就说这叫作"落伍""反动"。不过若注意到这是从左右两方面来的诅咒，就只能令人苦笑了。

我是个乡下人，乡下人的特点照例"相当顽固"，所以虽被派"落伍"了十三年，将来说不定还要被文坛除名，还依然认为一个作者不将作品与"商业""政策"混在一处，他脑子会清明一些。他不懂商业或政治，且极可能把作品也写得像样些。他若是一个短篇小说作者，肯从中国传统艺术品取得一点知识，必将增加他个人生命的深度，增加他作品的深度。一句话，这点教育不会使他堕落的！如果他会从传统接受教育，得到启迪或暗示，有助于他的作品完整、深刻与美丽，并增加作品传递效果和永久性，都是极自然的。

我说的传统，意思并不是指从史传以来，涉及人事人性的叙述，两千多年来早有若干作品可以模仿取法。那么承受传统毫无意义可言。主要的是有个传统艺术空气，以及产生这种种艺术品的心理习惯，在这种艺术空气心理习惯中，过去中国人如何用一切不同的材料，不同的方法，来处理人的梦，而且又在同一材料上，用各样不同方法，来处理这个人此一时或彼一时的梦。艺术品的形成，都从支配材料着手，艺术制作的传统，即一面承认材料的本性，一面就材料性质注入他个人的想象和感情。虽加人工，原则上却又始终能保留那个物性天然的素朴。明白这个传统特点，我们就会明白中国文学可告给作家的，并不算多，中国一般艺术品告给我们的，实在太多太多了。

试从两种艺术品的制作心理状态，来看看它与现代短篇小说的相通处，也是件极有意义的事情。一由绘画涂抹发展而成的文字，一由石器刮削发展而成的雕刻，不问它是文人艺术或应用艺术，艺术品之真正价值，差不多全在于那个作品的风格和性格的独创上。从材料方面言，天然限制永远存在，从形式方面言，又有个社会习惯限制。然而一个优秀作家，却能够于限制中运用"巧思"，见出"风格"和"性格"。说夸张一点，即是作者的人格，作者在任何情形下，都永远具有上帝造物的大胆与自由，却又极端小心，从不滥用那点大胆与自由超过需要。

作者在小小作品中，也一例注入崇高的理想，浓厚的感情，安排得恰到好处时，即一块顽石，一把线，一片淡墨，一些竹头木屑的拼合，也见出生命洋溢。这点创造的心，就正是民族品德优美伟大的另一面。在过去，曾经产生过无数精美的绘画，形制完整的铜器或玉器，美丽温雅的瓷器，以及形色质料无不超卓的漆器。在当前或未来，若能用它到短篇小说写作上，用得其法，自然会有些珠玉作品，留到这个人间。这些作品的存在，虽若无补于当前，恰恰如杜甫、曹雪芹在他们那个时代一样，作者或传说饿死，或传说穷死，都源于工作与当时价值标准不合。然而百年后或千载后的读者，反而唯有从这种作品中，取得一点生命力量，或发现一点智慧之光。

制砚石的高手，选材固在所用心，然而在一片石头上，如何略加琢磨，或就材质中小小毛病处，因材使用做一个小小虫蚀，一个小池，增加它的装饰性，一切都全看作者的设计，从设计上见出优秀与拙劣。

一个精美砚石和一个优秀短篇小说，制作的心理状态（即如何去运用那点创造的心），情形应当约略相同。不同的为材料，一是石头，顽固而坚硬的石头；一是人生，复杂万状充满可塑性的人生。可是不拘是石头还是人生，若缺少那点创造者的"匠心独运"，是不会成为特出艺术品的。关于这件事，《红楼梦》作者曹雪芹，比我们似乎早明白了两百年。他不仅把石头比人，还用雕刻家的手法，来表现大观园中每一个人物，从语言行为中见身份性情，使两世纪后读者，还仿佛可看到这些纸上的人，全是些有血有肉有哀乐爱憎感觉的生物。（谈历史的多称道乾隆时代，其实那个辉辉煌煌的时代，除了遗留下一部《红楼梦》可作象征，别的作品早完了！）

再从宋元以来中国人所作小幅绘画上注意。我们也可就那些优美作品设计中，见出短篇小说所不可少的慧心和匠心。这些绘画无论是以人事为题材，以花草鸟兽云树水石为题材，"似真""逼真"都不是艺术品最高的成就，重要处全在"设计"。什么地方着墨，什么地方敷粉施彩，什么地方竟留下一大片空白，不加过问。有些作品尤其重要处，便是那些空白处不着笔墨处，因比例上具有无言之美，产生无言之教。

短篇小说的作者，能从一般艺术鉴赏中，涵养那个创造的心，在小小篇章中表现人性，表现生命的形式，有助于作品的完美，是无可疑的。

短篇小说的写作，从过去传统有所学习，从文字学文字，个人以为应当把诗放在第一位，小说放在末一位。一切艺术都容许作者注入一种诗的抒情，短篇小说也不例外。由于对诗的认识，将使一个小说作者对于文字性能具特殊敏感，因之产生选择语言文字的耐心。对于人性的智愚贤否、义利取舍形式之不同，也必同样具有特殊敏感，因之能从一般平凡哀乐得失景象上，触着所谓"人生"。尤其是诗人那点人生感慨，如果成为一个作者写作的动力时，作品的深刻性就必然因之而增加。至于从小说学小说，所得是不会很多的。

所以短篇小说的明日，是否能有些新的成就，据个人私意，也可以那么说，实有待于少数作者，是否具有勇气肯从一个广泛的旧的传统最好艺术品中，来学习取得那个创造的心，印象中保留着无数优秀艺术品的形式，生命中又充满活泼生机，工作上又不缺少自尊心和自信心，来在一个新的观点上，尝试他所努力从事的理想事业。

……

原载《创作杂谈》

谈写游记

写游记像是件不太费力的事情，因为任何一个小学生，总有机会在作文本子上留下点成绩。至于一个作家呢，只要他肯旅行，就自然有许多可写的事事物物搁在眼前。情形尽管是这样，好游记可不怎么多。编选高级语文教本的人，将更容易深一层体会到，古今游记虽浩如烟海，入选时实费斟酌。

古典文学游记，《水经注》已得多数人承认，文字清美。同样一条河水，三五十字形容，就留给人一个深刻印象，真可说对山水有情。但是不明白南北朝时期文字风格的读者，在欣赏上不免有隔离。《洛阳伽蓝记》文笔比较富丽，景物人事相配合的叙述法，下笔极有分寸，特别引人入胜，好处也容易领会些。宋人作《洛阳名园记》，时代稍近，文体又平实易懂，记园林花木布置兼有对时人褒贬寓意，可算得一时佳作。叙边远外事如《大唐西域记》《岭外代答》和《高丽图经》诸书，或直叙旅途见闻，或分门别类介绍地方物产、制度、风俗人情，文笔条理清楚，千年来读者还可从书中学得许多有用知识。从这些各有千秋的作品中，我们还可得到一种重要启示：好游记和好诗歌相似，有分量作品不一定要字数多，不分行写依然是诗。

作游记不仅是描写山水灵秀清奇，也容许叙事抒情。读者在习惯上对于游记体裁的要求不苛刻，已给作者用笔以极大方便和鼓励。好游记不多另有原因。"文以载道"，在旧社会是句极有势力的话，把古代一切作家的思想都笼罩住了。诗歌、戏剧、小说虽然从另一角度落笔，突破限制，得到了广大群众。然而大多数作者，还是乐于做卫道文章，容易发财高升。个人文集，也总是把庙堂之文放在最前面。游记文学历来不列入文章正宗，只当成杂著小品看待，在旧文学史中位置并不怎么重要。近三十年很有些好游记，写现代文学史的，也不过聊备一格，有的且根本不提。

写游记必临水登山，善于使用手中一支笔为山水传神写照，令读者如身莅其境，一心向往，终篇后还有回味余甘，进而得到一种启发和教育，才算是成功作品。这里自然要具备一个条件，就是作者得好好把握住手中那支有色泽、富情感、善体物、会叙事的笔。他不仅仅应当如一个优秀山水画家，还必须兼有一个高明人物画家的长处，而且还要博学多通，对于艺术各部门都略有会心，譬如音乐和戏剧，让主题人事在一定背景中发生、存在时，动静之中似乎有些空白处，还可用一种恰如其分的乐声填补空间。这个比方可能说得有点过了头，近乎夸诞玄远。不过理想文学佳作，不问是游记还是短篇小说，实在都应当给读者这么一种有声有色鲜明活泼的印象。如何培养这支笔，是一个得商讨待解决的问题。

近三十年来，报刊中很有些特写式游记，写国内新人、新事、新景物，文字素朴，内容扎实，充满一种新的泥土生活气息，却比某些性质相同的短篇小说少局限性，比某些分析探讨的论文具说服力。有的作者并非职业作家，因此不必受文学作品严格的要求影响，表现上得到较大的自由。又有些还刚离开大学不久，最多习作机会还不过是学生时代写写情书或家信，就从这个底子上进行写作，由于面对的生活丰富，问题新鲜，作品给读者印象却自然而亲切。我也欢喜另外一种专家学者写成的游记，虽引古证今，可不落俗套，见解既好，文笔又明白畅达，当成史地辅助读物，对读者有实益。好游记种类还多，上二例成就比较显著。

另外还有两种游记，比较普通常见：一为报刊上经常可读到的某某出国海外游记，特殊性的也对读者起教育作用，一般性的或系根据导游册子复述，又或虽然目击身经，文字条件较差，只知直接叙事，不善写景写人，缺少文学气氛，自然难给读者深刻印象。

另一种是国内游记，作者始终还不脱离写卷子的基本情绪，不拘到什么名胜古迹地方去，凡见到的事物，都无所选择，一一记下。正和你我某一时在北海大石桥边、颐和园排云殿前照相差不多，虽背景壮丽，天气又十分温和，人也穿着得整齐体面，还让那位照相师热情十分的反复指点，直到装成微笑态，得到照相师点头认可，才"吧嗒"一下，大功告成。可是相片洗出看看，照例主题背景总是呆呆的，彼此相差不多，近于个人纪念性记录，缺少艺术所要求的新鲜。本人即或以为逼真，他人看来实在不易感动。这种相成天有人在照，同样游记也随时有人在写，虽和艺术要求有点距离，却依旧有广大读者。由于在全国范围内舟车行旅中，经常有大量群众，都需要阅读报刊，这种游记有一定群众基础。

还有一种不成功的游记，作者思想感情被理论上几个名词缚得紧紧地，一动笔老不忘记教育他人；文思既拙滞，却只顾抄引格言名句，盼望人从字里行间发现他的哲理深思，形成一种自我陶醉。其实严肃有余，枯燥无味，既少说服力，也少感染力，写论文已不大济事，做游记自然更难望成功。

写游记除"爱丽丝"女士的幻想旅行作品不计，此外总得有点生活基础。不过尽管有丰富新鲜生活经验，如没有运用文字的表现力，又缺少对外物的锐敏感觉，还是不成功。不拘写什么自然总是无生气，少新意，缺少光彩。他的毛病正如一个不高明的作曲家，仅记住些和声原理，五线谱的应用却不熟悉，一切乐器上手也弹不出好声音。即或和千年前唐玄宗一样，居然有机会梦游天宫，得见琼楼玉宇间那群紫绡仙子，在翠碧明蓝天空背景中轻歌曼舞，乐曲舞艺都佳妙无比，并且人醒回来时，印象还十分清楚明白，可是想和唐玄宗一样，凭回忆写个《紫云回》舞曲，却办不到做不好。原因是手中没有得用工具。

补救方法在改善学习，先做个好读者。其次是把文字当成工具好好掌握到手中,必须用长时期"写作实践"来证实"理论概括",绝不宜用后者代替前者,以为省事。写游记看来十分简单,搞文学就绝不能贪图省事。

原载《创作杂谈》

不要宣泄

××：

你寄来的诗都见到了，在修辞方面稍稍有些不统一处，但并不妨碍那些好处。

你的笔写散文似乎比诗方便适宜点。因为诗有两种方法写下去：一是平淡，一是华丽。或在思想上有幻美光影，或在文字上平妥匀称，但同时多少皆得保留到一点传统形式，才有一种给人领会的便利。文学革命意义，并非是"全部推翻"，大半是"去陈就新"。形式中有些属于音律的，在还没有勇气彻底否认中国旧诗的存在以前，那些东西是你值得去注意一下的。"自由"在一个作者观念上，与"漫无限制"稍不相同。胡乱写一点感想，不能算诗，思想混杂信手挥洒写来更不成诗。一个感情丰富的人，可以写诗却并不一定写好诗。好诗同你说的那种天才并无关系，却极与生活的体念和功夫有关系。因为要组织，文字在一种组织上才会有光有色。你莫随便写诗，诗不能随便写。应当节制精力，蓄养锐气，谨慎认真地写。

我说的话希望并不把你写诗的锐气和豪兴挫去，却能帮助你写它时细心一点。单是文字同思想，不加雕琢同配置，正如其他材料一样，不能成为艺术，你是很明白的。要选择材料，处置它到恰当处，古人说的"推""敲"那种耐烦究讨，永远可以师法。金刚石虽是极值钱的东西，却要一个好匠人才磨出它的宝光来，石头虽是不值钱的东西，也可以由艺术家手上产生无价之宝。一切艺术价值的形成，不是单纯的"材料"，完全在你对于那材料使用的思想与气力。把写诗当成比写创作小说容易的，以为写诗同写杂感一样自由的，都不容易攀到艺术的高处去。因为尽有些路看来很近走去却很远的，缺少耐心永远走不到头。

你的创作小说同你的诗有同样微疵，想找出个共同的毛病，我说它写作时似乎都太"热情"了一点。这种热情除了使自己头晕以外，没有一点好处可以使你作品高于一切作品。在男女事上热情过分的人，除了自己全身发烧做出一些很孩子气可笑的行为外，并不会使女人得到什么，也不能得到女人什么。

那些写得出充满了热情的作品的人，都并不是自己头晕的人。我同你说说笑话，这世上尽有许多人本身是西门庆，写《金瓶梅》的或许是一个和女性无缘纠缠的孤老。世上有无数人成天同一个女人搂抱在一处，他们并不能说到女人什么。某君也许从来没有看到过一个光身子女人，他却写了许多由你们看来仿佛就像经验过的荒唐行为。一

成为一个写作者

个作家必须使思想澄清,观察一切体会一切方不至于十分差误。他要"生活",那只是要"懂"生活,不是单纯的生活。他需要有个脑子,单是脊髓可不成。更值得注意处,是应当极力避去文字表面的热情。我的意见不是反对作品热情,我想告给你的是,你自己写作时用不着多大兴奋。神圣伟大的悲哀不一定有一摊血一把眼泪,一个聪明作家写人类痛苦或许是用微笑表现的。

许多较年轻的朋友,写作时全不能节制自己的牢骚,失败是很自然的。那么办,容易从写作上得到一种感情排泄的痛快(恰恰同你这样廿二岁的青年,接近一个女孩子时能够得到精力排泄的痛快一样),成功只在自己这一面,作品与读者对面时,却失败了。

原载《废邮存底》
原题为"给一个写诗的"

不要白相

××：

前一时因有事不能来光华看热闹，要你等候，真对不起。文章能多写也极好，在目前中国，作者中有好文章总不患无出路的。许多地方都刊登新作品，虽各刊物主持人各有兴味，嗜好多有不同，并且有些刊物，为营养不得不拖名人，有些刊物有政治作用，更不得不拉名人，对新作家似乎比较疏忽。很可喜的是近来刊物多，若果作者有文章不太坏，此处不行别一处还可想法。也有各处碰壁终于仍无法可想的，也有一试即着的，大致新作品若无勇气去"承受失败"，也就难于"得到成功"，因近来几个"成功"者，在过去一时，也是"失败"的过来人。依我看，目前情形真比过去值得乐观多了，因做编辑的人皆有看作品的从容和虚心，好编辑并不缺少，故埋没好作品的可说实在很少。不过初写时希望太大，且太疏忽了稍前一点的人如何开辟了这一块地，所用过的是如何代价，一遭失败，便尔灰心，似乎非常可惜。譬如××，心太急，有机会可以把文章解决，也许反而使自己写作受了限制，无法进步了。

把"生活"同"工作"连在一处，最容易毁坏创作成就。我羡慕那些生活比较从容的朋友。我意思，一个作家若"勇于写作"而"怯于发表"，也是自己看重自己的方法，这方法似乎还值得你注意。把创作欲望维持到发表上，太容易疏忽了一个作品其所以成为好作品的理由，也太容易疏忽了一个作者其所以成为好作者的理由。小有成功的愿望，拘束了自己，文章就最难写好。他"成功"了，同时他也就真正"失败"了。

作品寄去又退还，这是极平常的事，我希望你明白这些灾难并不是新作家独有的灾难，所谓老作家无一不是通过这种灾难。编辑有编辑的困难，值得同情的困难。有他的势利，想支持一个刊物必然的势利。我们尊重旁人，并不是卑视自己。我们要的信心是我们可以希望慢慢地把作品写好，却不是相信自己这一篇文章就怎么了不起的好。如果我们自己当真还觉得需要尊重自己，我们不是应当想法把作品弄好再来给人吗？许多作品，刊载到各刊物上，又印成单行本子，即刻便又为人忘掉了，这现象，就可以帮助我们认明白"怯于发表"不是一个坏主张。

我们爬"高山"就可以看"远景"，爬到那最高峰上去，耗费的气力也应当比别人多些。让那些自己觉得是天才的人很懒惰而又极其自信，在一点点工作成就上便十分得意，我们却不妨学耐烦一点，把功夫磨炼自己，写出一点东西，可以证明我们的存在，且证明我们不马虎存在。在沉默中努力吧，这沉默不是别的，它可以使你伟大！你瞧，十年来有多少新作家，不是都冷落下来为人渐渐忘记了吗？那些因缘时会攀龙附凤的，那些巧于自画自赞煊赫一时的，不是大都在本身还存在的时候，作品便不再保留到人的记忆里吗？如果我们同他们一样，想起来是不是也觉得无聊？

我们若觉得那些人路走得不对，那我们当选我们自己适宜的路，不图速成，不谋小就，写作不基于别人的毁誉，而出于一个自己生活的基本信仰（相信一个好作品可以完成一个真理，一种道德，一些智慧），那么，我们目前即不受社会苛待，也还应当自己苛待自己一点了。自己看得很卑小，也同时做着近于无望的事，只要肯努力，却并不会长久寂寞的。

文学是一种事业，如其他事业一样，一生相就也不一定能有多少成就。同时这事业因天灾人祸失败，又多更属当然的情形，这就要看作者个人如何承当这失败而纠正自己，使它同生活慢慢地展开，也许经得住时代的风雨一点。把文学作企业看，容许侥幸的投机，但基础是筑在浮沙上面，另一种新趣味一来，就带走了所已成的地位，那是太游戏，太近于"白相"的文学态度了。

白相的文学态度的不对，你是十分明白的。不知道我说的还能使你同意没有。

原载《废邮存底》
原题为"给一个写小说的"

第三编

阅读与学习

沈从文　朱自清

似乎文人的笔，
也应当如母亲的身，
对于所生产的一切
全得赋予一个相类的外表，
相通的灵魂。

古文学的欣赏

朱自清

新文学运动开始的时候，胡适之先生宣布"古文"是"死文学"，给它撞丧钟，发讣闻。所谓"古文"，包括正宗的古文学。他是教人不必再作古文，却显然没有教人不必阅读和欣赏古文学。可是那时提倡新文化运动的人如吴稚晖、钱玄同两位先生，却教人将线装书丢在茅厕里。后来有过一回"骸骨的迷恋"的讨论也是反对作旧诗，不是反对读旧诗。但是两回反对读经运动却是反对"读"的。反对读经，其实是反对礼教，反对封建思想；因为主张读经的人是主张传道给青年人，而他们心目中的道大概不离乎礼教，不离乎封建思想。强迫中小学生读经没有成为事实，却改了选读古书，为的了解"固有文化"。为了解固有文化而选读古书，似乎是国民分内的事，所以大家没有说话。可是后来有了"本位文化"论，引起许多人的反感；本位文化论跟早年的保存国粹论同而不同，这不是残余的而是新兴的反动势力。这激起许多人，特别是青年人，反对读古书。

可是另一方面，在本位文化论之前有过一段关于"文学遗产"的讨论。讨论的主旨是如何接受文学遗产，倒不是扬弃它；自然，讨论到"如何"接受，也不免有所分别扬弃的。讨论似乎没有多少具体的结果，但是"批判的接受"这个广泛的原则，大家好像都承认。接着还有一回范围较小，性质相近的讨论。那是关于《庄子》和《文选》的。说《庄子》和《文选》的词汇可以帮助语体文的写作，的确有些不切实际。接受文学遗产若从"做"的一面看，似乎只有写作的态度可以直接供我们参考，至于篇章字句，文言语体各有标准，我们尽可以比较研究，却不能直接学习。因此许多大中学生厌弃教本里的文言，认为无益于写作；他们反对读古书，这也是主要的原因之一。但是流行的作文法、修辞学、文学概论这些书，举例说明，往往古今中外兼容并包；青年人对这些书里的"古文今解"倒是津津有味地读着，并不厌弃似的。从这里可以看出青年人虽然不愿信古，不愿学古，可是给予适当的帮助，他们却愿意也能够欣赏古文学，这也就是接受文学遗产了。

说到古今中外，我们自然想到翻译的外国文学。从新文学运动以来，语体翻译的外国作品数目不少，其中近代作品占多数；这几年更集中于现代作品，尤其是苏联的。但是希腊、罗马的古典，也有人译，有人读，直到最近都如此。莎士比亚至少也有两种译本。可见一般读者（自然是青年人多），对外国的古典也在爱好着。可见只要能够让他们接近，他们似乎是愿意接受文学遗产的，不论中外。而事实上外国的古典倒容易接近些。有些青年人以为古书古文学里的生活跟现代隔得太远，远得渺渺茫茫的，所以他们不能也不愿接受那些。

但是外国古典该隔得更远了，怎么事实上倒反容易接受些呢？我想从头来说起，古人所谓"人情不相远"是有道理的。尽管社会组织不一样，尽管意识形态不一样，人情总还有不相远的地方。喜怒哀乐爱恶欲总还是喜怒哀乐爱恶欲，虽然对象不尽同，表现也不尽同。对象和表现的不同，由于风俗习惯的不同；风俗习惯的不同，由于地理环境和社会组织的不同。使我们跟古代跟外国隔得远的，就是这种种风俗习惯；而使我们跟古文学跟外国文学隔得远的，尤其是可以算作风俗习惯的一环的语言文字。语体翻译的外国文学打通了这一关，所以倒比古文学容易接受些。

人情或人性不相远，而历史是连续的，这才说得上接受古文学。但是这是现代，我们有我们的立场。得弄清楚自己的立场，再弄清楚古文学的立场，所谓"知己知彼"，然后才能分别出哪些是该扬弃的，哪些是该保留的。弄清楚立场就是清算，也就是批判；"批判的接受"就是一面接受着，一面批判着。自己有立场，却并不妨碍了解或认识古文学，因为一面可以设身处地为古人着想，一面还是可以回到自己立场上批判的。这"设身处地"是欣赏的重要的关键，也就是所谓"感情移入"。

个人生活在群体中，多少能够体会别人，多少能够为别人着想。关心朋友，关心大众，怨道和同情，都由于设身处地为别人着想；甚至"替古人担忧"也出于此。演戏，看戏，一是设身处地地演出，一是设身处地地看入。做人不要做坏人，做戏有时候却得做坏人。看戏恨坏人，有的人竟会丢石子甚至动手去打那戏台上的坏人。打起来确是过了分，然而不能不算是欣赏那坏人做得好，好得教这种看戏的忘了"我"。这种忘了"我"的人显然没有在批判着。有批判力的就不致如此，他们欣赏着，一面常常回到自己，自己的立场。

欣赏跟行动分得开，欣赏有时可以影响行动，有时可以不影响，自己有分寸，做得主，就不至于糊涂了。读了武侠小说就结伴上峨眉山，的确是糊涂。所以培养欣赏力同时得培养批判力；不然，"有毒的"东西就太多了。然而青年人不愿意接受有些古书和古文学，倒不一定是怕那"毒"，他们的第一难关还是语言文字。

打通了语言文字这一关，欣赏古文学的就不会少，虽然不会赶上欣赏现代文学的多。语体翻译的外国古典可以为证。语体的旧小说如《水浒传》《西游记》《红楼梦》《儒林外史》，现在的读者大概比二三十年前要减少了，但是还拥有相当广大的读众。这些人欣赏打虎的武松，焚稿的林黛玉，却一般的未必崇拜武松，尤其未必崇拜林黛玉。他们欣赏武松的勇气和林黛玉的痴情，却嫌武松无知识，林黛玉不健康。

欣赏跟崇拜也是分得开的。欣赏是情感的操练，可以增加情感的广度、深度，也可以增加高度。欣赏的对象或古或今，或中或外，影响行动或浅或深，但是那影响总是间接的，直接的影响是在情感上。有些行动固然可以直接影响情感，但是欣赏的机会似乎更容易得到些。要培养情感，欣赏的机会越多越好；就文学而论，古今中外越多能欣赏越好。这其间古文和外国文学都有一道难关，语言文字。外国文学可用语体翻译，古文学的难关该也不难打通的。

我们得承认古文确是"死文字",死语言,跟现在的语体或白话不是一种语言。这样看,打通这一关也可以用语体翻译。这办法早就有人用过,现代也还有人用着。记得清末有一部《古文析义》,每篇古文后边有一篇白话的解释,其实就是逐句的翻译。那些翻译够清楚的,虽然啰唆些。但是那只是一部不登大雅之堂的启蒙书,不曾引起人们注意。

五四运动以后,整理国故引起了古书今译。顾颉刚先生的《盘庚篇今译》(见《古史辨》),最先引起我们的注意。他是要打破古书奥妙的气氛,所以将《尚书》里佶屈聱牙的这《盘庚》三篇用语体译出来,让大家看出那"鬼治主义"的把戏。他的翻译很谨严,也够确切;最难得的,又是三篇简洁流畅的白话散文,独立起来看,也有意思。近来郭沫若先生在《由周代农事诗论到周代社会》一文(见《青铜时代》)里翻译了《诗经》的十篇诗,风雅颂都有。他是用来论周代社会的,译文可也都是流畅的素朴的白话散文诗。此外还有将《诗经》、《楚辞》和《论语》作为文学来今译的,都是有意义的尝试。这种翻译的难处在乎译者的修养;他要能够了解古文学,批判古文学,还要能够照他所了解与批判的译成艺术性的或有风格的白话。

翻译之外,还有讲解,当然也是用白话。讲解是分析原文的意义并加以批判,跟翻译不同的是以原文为主。笔者在《国文月刊》里写的《古诗十九首释》,叶绍钧先生和笔者合作的《精读指导举隅》(其中也有语体文的讲解),浦江清先生在《国文月刊》里写的《词的讲解》,都是这种尝试。有些读者嫌讲得太琐碎,有些却愿意细心读下去。还有就是白话注释,更是以读原文为主。这虽然有人试过,如

《论语》白话注之类，可只是敷衍旧注，毫无新义，那注文又啰里啰唆的。

现在得从头做起，最难的是注文用的白话，现行的语体文里没有这一体，得创作，要简明朴实。选出该注释的词句也不易，有新义更不易。此外还有一条路，可以叫作拟作。谢灵运有《拟魏太子邺中集》，综合的拟写建安诗人，用他们的口气作诗。江淹有《杂拟诗》三十首，也是综合而扼要的分别拟写历代无名的五言诗人，也用他们自己的口气。这是用诗来拟诗。英国麦克士·比罗姆著《圣诞花环》，却以圣诞节为题用散文来综合的扼要的拟写当代各个作家。他写照了各个作家，也写照了自己。我们不妨如法炮制，用白话来尝试。以上四条路都通到古文学的欣赏；我们要接受古代作家文学遗产，就可以从这些路子走近去。

原载《标准与尺度》

叶圣陶的短篇小说

朱自清

圣陶谈到他作小说的态度，常喜欢说：我只是如实地写。这是作者的自白，我们应该相信。但他初期的创作，在"如实地"取材与描写之外，确还有些别的，我们称为理想，这种理想有相当的一致，不能逃过细心的读者的眼目。后来经历渐渐多了，思想渐渐结实了，手法也渐渐老练了，这才有真个"如实地写"的作品。仿佛有人说过，法国的写实主义到俄国就变了味，这就是加进了理想的色彩。假使这句话不错，圣陶初期的作风可以说是近于俄国的，而后期可以说是近于法国的。

圣陶的身世和对于文艺的见解，顾颉刚先生在《隔膜》序里说得极详。我所见他的生活，也已具于另一义。这里只需指出他是生长在一个古风的城市——苏州中的人，后来又在一个乡镇——甪直——里住了四五年,一径是做着小学教师;最后才到中国工商业中心的上海市,做商务印书馆的编辑,直至现在。这二十年来时代的大变动,自然也给他不少的影响。辛亥革命,他在苏州;五四运动,他在甪直;五卅运动与国民革命,却是他在上海亲见亲闻的。这几行简短的历史,暗示着他思想变迁的轨迹,他小说里所表现的思想变迁的轨迹。

因为是"如实地写",所以是客观的。他的小说取材于自己及家庭的极少,又不大用第一身,笔锋也不常带情感。但他有他的理想,在人物的对话及作者关于人物或事件的解释里,往往出现,特别在初期的作品中。《不快之感》或《啼声》是两个极端的例子。这是理智的表现。圣陶的静默,是我们朋友里所仅有;他的"爱智",不是偶然的。

爱与自由的理想是他初期小说的两块基石。这正是新文化运动开始时的思潮;但他能用艺术表现,便较一般人为深入。他从母爱性爱一直写到儿童送一个小蚬回家,真算得博大周详。母爱的力量在牺牲自己;顾颉刚先生最爱读的《潜隐的爱》(见顾先生《火灾》序),是一篇极好的代表。一个孤独的蠢笨的乡下妇人用她全部的心与力,偷偷摸摸去爱一个邻家的孩子。这是透过一层的表现。性爱的理想似乎是夫妇一体,《隔膜》与《未厌集》中两篇《小病》,可以算相当的实例。但这个理想是不容易达到的;有时不免来点儿"说谎的艺术"(看《火灾》中《云翳》篇),有时母爱分了性爱的力量,不免觉得"两样";夫妇不能一体时,有时更免不了离婚。离婚是近年常有的现象。但圣陶在《双影》里所写的是女的和男的离了婚,另嫁了一个气味相投的人；后来却又舍不得那男的。这是一个怪思想，是对夫妇一体论的嘲笑。

圣陶在这问题上，也许终于是个"怀疑派"罢？至于广泛的爱人爱动物，圣陶以为只有孩子们行；成人是只有隔膜与冷酷罢了。《隔膜》，《游泳》(《线下》中)，《晨》便写的这一类情形。他又写了些没有爱的人的苦闷，如《归宿》里的青年，《春光不是她的了》里被离弃的妇人，《孤独》里的"老先生"都是的。而《被忘却的》(《火灾》中)里田女士与童女士的同性爱，也正是这种苦闷的另一样写法。

自由的一面是解放，还有一面是尊重个性。圣陶特别着眼在妇女与儿童身上。他写出被压迫的妇女，如农妇，童养媳，歌女，妓女等的悲哀；《隔膜》第一篇《一生》便是写一个农妇的。对于中等家庭的主妇的服从与苦辛，他也有哀矜之意。《春游》(《隔膜》中)里已透露出一些反抗的消息。《两封回信》里说得更是明白：女子不是"笼子里的画眉，花盆里的蕙兰"，也不是"超人"；她"只是和一切人类平等的一个'人'"。他后来在《未厌集》里还有两篇小说(《遗腹子》《小妹妹》)，写重男轻女的传统对于女子压迫的力量。圣陶做过多年小学教师，他最懂得儿童，也最关心儿童。他以为儿童不是供我们游戏和消遣的，也不是给我们防老的，他们应有他们自己的地位。他们有他们的权利与生活，我们不应嫌恶他们，也不应将他们当作我们的具体而微看。

《啼声》(《火灾》中)是用了一个女婴口吻的激烈的抗议；在圣陶的作品中，这是一篇仅见的激昂的文字。但写得好的是《低能儿》

《一课》《义儿》《风潮》等篇；前两篇写儿童的爱好自然，后两篇写教师以成人看待儿童，以致有种种的不幸。其中《低能儿》是早经著名的。此外，他还写了些被榨取着的农人，那些都是被田租的重负压得不能喘气的。他憧憬着"艺术的生活"，艺术的生活是自由的，发展个性的；而现在我们的生活，却都被揿在些一定的模型或方式里。圣陶极厌恶这些模型或方式；在这些方式之下，他"只觉一个虚幻的自己包围在广大的虚幻里"（见《隔膜》中《不快之感》）。

圣陶小说的另一面是理想与现实的冲突。假如上文所举各例大体上可说是理想的正面或负面的单纯表现，这种便是复杂的纠纷的表现。如《祖母的心》（《火灾》中）写亲子之爱与礼教的冲突，结果那一对新人物妥协了；这是现代一个极普遍极葛藤的现象。《平常的故事》里，理想被现实所蚕食，几至一些无余；这正是理想主义者烦闷的表白。《前途》与此篇调子相类，但写的是另一面。《城中》写腐败社会对于一个理想主义者的疑忌与阴谋，而他是还在准备抗争。《校长》与《搭班子》里两个校长正在高高兴兴地计划他们的新事业，却来了旧势力的侵蚀；一个妥协了，一个却似乎准备抗争一下。但《城中》与《搭班子》只说到"准备"而止，以后怎样呢？是成功？失败？还是终于妥协呢？据作品里的空气推测，成功是不会的；《城中》的主人公大概要失败，《搭班子》里的大概会妥协吧？圣陶在这里只指出这种冲突的存在与自然的进展，并没有暗示解决的方法或者出路。

到写《桥上》与《抗争》，他似乎才进一步地追求了。《桥上》还不免是个人的"浪漫"的行动,作者没有告诉我们全部的故事;《抗争》却有"集团"的意义,但结果是失败了,那领导者做了祭坛前的牺牲。圣陶所显示给我们的,至此而止。还有《在民间》是冲突的别一式。

圣陶后期作品(大概可以说从《线下》后半部起)的一个重要的特色,便是写实主义手法的完成。别人论这些作品,总侧重在题材方面;他们称赞他的"对于城市小资产阶级的描写"。这是并不错的。圣陶的生活与时代都在变动着,他的眼从村镇转到城市,从儿童与女人转到战争与革命的侧面的一些事件了。

他写城市中失业的知识工人(《城中》里的《病夫》)和教师的苦闷;他写战争时"城市的小资产阶级"与一部分村镇人物的利己主义,提心吊胆,琐屑等(如茅盾先生最爱的《潘先生在难中》,及《外国旗》)。他又写战争时兵士的生活(《金耳环》);又写"白色的恐怖"(如《夜》《冥世别》——《大江月刊》三期)和"目前政治的黑暗"(如《某城纪事》)。他还有一篇写"工人阶级的生活"的《夏夜》(《未厌集》)(看钱杏邨先生《叶绍钧的创作的考察》,见《现代中国文学作家》第二卷)。

他这样"描写了广阔的世间";茅盾先生说他作《倪焕之》时才"第一次描写了广阔的世间",似乎是不对的(看《读〈倪焕之〉》,附录在《倪焕之》后面)。他诚然"长于表现城市小资产阶级"(钱语),但他并不是只长于这一种表现,更不是专表现这一种人物,或侧重于表现这一种人物,即使在他后期的作品里。

这时期圣陶的一贯的态度，似乎只是"如实地写"一点；他的取材只是选择他所熟悉的，与一般写实主义者一样，并没有显明的"有意的"目的。他的长篇作品《倪焕之》，茅盾先生论为"有意为之的小说"，我也有同感；但他在《作者自记》里还说，"每一个人物，我都用严正的态度如实地写"，这可见他所信守的是什么了。这时期中的作品，大抵都有着充分的客观的冷静（初期作品如《饭》也如此，但不多），文字也越发精炼，写实主义的手法至此才成熟了；《晨》这一篇最可代表，是我所最爱的。——只有《冥世别》是个例外；但正如鲁迅先生写不好《不周山》一样，圣陶是不适于那种表现法的。日本藏原惟人《到新写实主义之路》（林伯修译）里说写实主义有三种。圣陶的应属于第二种，所谓"小布尔乔亚写实主义"；在这一点上说他是小资产阶级的作家，我可以承认。

我们的短篇小说，"即兴"而成的最多，注意结构的实在没有几个人；鲁迅先生与圣陶便是其中最重要的。他们的作品都很多，但大部分都有谨严而不单调的布局。圣陶的后期作品更胜于初期的。初期里有些别体，《隔膜》自颇紧凑，但《不快之感》及《啼声》，就没有多少精彩；又《晓行》《旅路的伴侣》两篇（《火灾》中），虽穿插颇费苦心，究竟嫌破碎些（《悲哀的重载》却较好）。这些时候，圣陶爱用抽象观念的比喻，如"失望之渊""烦闷之渊"等，在现在看来，似乎有些陈旧或浮浅了。他又爱用骈句，有时使文字失去自然的风味。而各篇中作者出面解释的地方，往往太正经，又太多。如《苦菜》（《隔膜》中）固是第一身的叙述，但后面那一个公式与其说明，也太煞风景了。圣陶写对话似不顶擅长。各篇中对话往往嫌平板，有时说教气太重；这便在后期作品中也不免。圣陶写作最快，但绝非不经心；他在《倪焕之》的《自记》里说，"斟酌字句的癖习越来越深"，我们可以知道他平日的态度。他最擅长的是结尾，他的作品的结尾，几乎没有一篇不波俏的。他自己曾戏以此自诩；钱杏邨先生也说他的小说，"往往在收束的地方，使人有悠然不尽之感。"

原载《你我》

郁达夫、张资平及其影响

沈从文

这两人,是国内年轻人皆知道的。知道第一个会写感伤小说,第二个会写恋爱小说。使人同情也在这一点,因为这是年轻人两个最切身的问题。穷,为经济所苦恼,郁达夫那自白的坦白,仿佛给一切年轻人一个好机会,这机会是用自己的文章,诉之于读者,使读者有"同志"那样感觉。这感觉是亲切的。友谊的成立,是一本《沉沦》。其他的作品,可说是年轻人已经知道从作者方面可以得到什么东西以后才引起的注意,是兴味的继续,不是新的发现。实在说来,我们也并没有在《沉沦》作者其他作品中得到新的感动。《日记九种》《迷羊》,全是一贯的继续下来的东西。对于《日记九种》发生更好印象,那理由,就是我们把作家一切生活当作一个故事,从作品认识作家,所以《日记九种》据说有出版界空前的销路。看《迷羊》,也仍然是那意义。似乎我们活到这世界上，不能得人怜悯，也无机会怜悯别人，读一下《沉沦》一类东西，我们就有一种同情作者的方便了。

这里使我们相信一个作家态度的正确，是在另一件事上。似乎像是在论文中，作者曾引另外一个作家的话，说文学是"表现自己"。仿佛还有下面补充，"文学表现自己越忠实越有成就"。又好像这是为卢梭《忏悔录》而言，又像是为对于加作者以冷嘲的袭击而做的抗议。表现自己，是不是文学绝对的法则，把表现自己意义只包括在写自己生活心情的一面，这问题，加以最简单的解释，也可以说一整天。因为界限太宽，各处小节上皆有承认或否认理由。但说到《沉沦》，作者那态度，是显然在"表现自己"——"最狭意义"上加以拥护的。把写尽自己心上的激动一点为最大义务，是自然主义的文学的表现方法。郁达夫，是这样一个人。他也就因为这方法的把持，不松手，从起首到最近，还是一个模样，他的成就算是最纯净的成就。

但是到现在，怎么样？现在的世评，于作者是不利的。时代方向掉了头，这是一个理由。还有更大更属于自己的一个理由，是他自己把那一个创作的冲动性因恋爱消失，他不能再用他那所长的一套"情欲的忧郁"行动装到自己的灵魂上，他那性格，又似乎缺少写《情书一束》作者那样能在歌颂中度日子的自白精神，最适宜于写情诗的生活中此时的他，却腼腆了，消沉了。对作者有所失望的青年，如能从这方面了解作者，或者会觉得不好意思对作者加以无怜悯的讽刺的。因为在"保持自己"这一点上看来，缺少取巧，不做夸张的郁达夫，是仍然有可爱处的郁达夫。他的沉默也仍然告给我们"忠于自己"的一种可尊敬的态度。

他那由于病弱的对于世态的反抗，或将正可以抛弃了"性的忧郁"那一面，而走到更合用更切实的社会运动提倡者的向上的一面。

另外有相似处或相同处，然而始终截然立于另一地位上的是张资平。提起张资平，我们所生的印象，似乎是可以毫不惊讶地说：

"这是中国大小说家！"

请注意"大"字，是数量的大，是文言文"汗牛充栋"那个意思。他的小说真多，这方面，也真有了不得的惊人能耐。不过我们若是愿意去在他那些小说中加以检察、考据或比较，就可知道那容易产生的理由了。还有人说，这作者一定得有人指出什么书从什么书译出以后，作者才肯声明那是译作的。其实，少数的创作，也仍然是那一个模型出来的。似乎文人的笔，也应当如母亲的身，对于所生产的一切全得赋予一个相类的外表，相通的灵魂。张资平的作品常常是孪生的。常常让读者疑心，两篇文章不单出于一只手，且出于同一时间。忠厚地说，就是他那文章"千篇一律"。

这里就有问题了。为什么郁达夫的一套能引起人同情，张资平那一套却永远是失败呢？因为那是两种方向。一个表白自己，抓得着自己的心情上因时间空间而生的变化，那么读者也将因时间空间的距离，读郁达夫小说发生兴味以及感兴。张资平，写的是恋爱，三角或四角，永远维持到一个通常局面下，其中纵不缺少引起挑逗抽象的情欲感应，在那里抓年轻人的心，但在艺术、思想、力、美各方面，是很少人承认那作品是好作品的。我们是因为在上海的缘故，许多人皆养成一种读小报的习惯。不拘是《晶报》，是别的，总而言之把那东西放在身边时，是明知道除了说闲话的材料以外将毫无所得的。但我们从不排斥这样小报。张资平小说，其所以使一些人发生欢喜，放到枕下，赠给爱人，也多数是那样原因。因为它帮助了年轻人在很不熟习的男女事情方面得到一个荒唐犯罪的方便。在他全集里，每一篇皆给我们一个证据。郁达夫作品告给我们生理的烦闷，我们却从张资平作品得到了解决。

所以张资平也仍然是成功的：他"懂大众"，把握"大众"，且知道"大众要什么"，比提倡大众文艺的郁达夫似乎还高明，就按到那需要，造了一个卑下的低级的趣味标准。

使他这样走他自己的道路的，是在《创造》上起首的几种作品发表后所得到年轻人的喝彩。那时的同情是空前的。作者在收了"友谊的利息"以后，成了"能生产"的作者了。

怎么样会到这样？是读者。五四运动在年轻人方面所起的动摇，是全国的一切青年的心。然而那做人的新的态度，文学的新的态度，是仅仅只限于活动中心的北京的。其波动，渐远渐弱，取了物理公律，所以中国其余省份，如广西，如云南，是不受影响的。另外因民族性那种关系，四川湖南虽距离较远，却接受了这运动的微震，另作阔度的摆动。因为地方习惯以及旧势力反应的关系，距离较近的上海，反而继续了一种不良趣味不良嗜好。

这里我们又有来谈一谈"礼拜六"这个名称所附属的文学趣味的必要了。现在说"礼拜六"派，大家所得的概念是暧昧的，不会比属于政治趣味的改组派，以及其他什么派为容易明白。或者说这是盘踞在上海各报纸附张上作文的一般作品而言，或者说像现在小报的趣味，或者……，其实"礼拜六"派所造成的趣味，是并不比某一种新文化运动者所造成的趣味为两样的。当年的礼拜六派，是大众的趣味所在的制造者。是有实力的，能用他们的生活，也是忠实，也是大胆，……错误或失败的地方，只是绅士阶级对绅士阶级的文字的争夺，到了肉搏的情况，到后是文言文失败，思想方面有了向新的一面发展的机会，人道的，民众的，这类名词培养在一般人口上，而且那文学概念也在年轻人心上滋长，因此礼拜六派一种趣味便被影响、攻击而似乎失败了。

其实呢，礼拜六派并不足代表绅士的。礼拜六派只可以说是海派，是上海地方的一切趣味的表现。此时这类趣味的拥护者、制造者、领会者依然存在，新文学运动并不损及他们丝毫。新文学发展，自然是把内地一些年轻人的礼拜六趣味夺去了。但这本不是礼拜六派应有的同志，不过当时只有《礼拜六》可看，这些年轻人就倾向于"礼拜六"那种方便罢了。

承继《礼拜六》，能制礼拜六派死命的，使上海一部分学生把趣味掉到另一方向的，是如像良友一流的人物。这种人分类应当在新海派。他们说爱情、文学、电影以及其他，制造上海的口味，是礼拜六派的革命者。帮助他们这运动的是基督教所属的学生，是上帝的子弟，是美国生活的模仿者，作进攻礼拜六运动而仍然继续礼拜六趣味发展的有《良友》一类杂志。

这里我们有为难处了，就是把身在创造社作"左倾"文学运动的张资平的作品处置得费事。论性质、精神以及所给人的趣味的成分，张资平作品最相宜的去处，是一面看《良友》上女校皇后一面谈论电影接吻方法那种大学生的书桌上。在这些地方，有他最诚实的读者以及最大的成就。由他手写出的革命文学，也仍然是要这种读者来欣赏的。

放到别的去处呢，也仍然是成功，因为他那味道有一种十六岁到二十四五岁年轻男女共通的甜处，可是一个不以欣赏皇后小影为日课的年轻人（譬如说内地男女分校的中学生），是不懂那文章好处的。

张资平作品的读者，在上海，应当比别的作家的读者为多，才不是冤屈。

至于两人的影响，关于作风的，现在可数出那因影响而成功的，有下面几个人可提：

间接的，又近于直接而以女性本身为基础，走出自己的路，到现在尚常为人称道大胆作家的，有冯沅君女士。在民十左右，会有女子能在本身上加以大胆的解剖，虽应当说是五四运动力量摇动于女子方面当然的结果，但在所取的方向上，以及帮助这不安于现状叫喊的观点上，我们得承认，这以淦女士笔名发表她的《隔绝之后》，显然是有了创造社作家的启示，才会产生那作品的。

另外一个——或者说一群，就是王以仁、叶鼎洛、周全平、倪贻德、叶灵凤等作风与内含所间接为郁达夫或创造社影响的那一面，显出了与以北平作根据而活动于国内的文学运动稍稍异型。趣味及文体，那区别，是一个略读现代中国文学作品的人即可以指出的。那简直可以说是完全两样东西。一个因守了白话运动所标的实在主义，用当时所承受的挪威易卜生以及俄国几个作家思想，作为指导及信仰，发展到朴素实在一面去。一个则因为缺少这拘束，且隐隐反抗这拘束，由上海创造社作大本营，挂了尼采式的英雄主义，或波特莱尔的放荡颓废自弃的喊叫，成了到第二次就接受了"左倾"的思想的劳动文学的作者集团，且取了进步的姿态，作高速度的跃进。

但基础，这些人皆是筑于一个华丽与夸张的局面下，文体的与情绪的，皆仍然不缺少那"英雄的向上"与"名士的放纵"相纠结，所以对于"左倾"这意义，我们从各作者加以检察，似乎就难于随便首肯了。

取向前姿势，而有希望向前，能理解性苦闷以外的苦闷，用有风采的文字表现出来，是郁达夫。张资平，一个聪明能干的人，他将在他说故事的方向上永远保守到"博人同意"一点上，成为行时的人去了。张资平是会给人趣味不会给人感动的，因为他的小说，差不多全是一些最适宜于安插在一个有美女照片的杂志上面的故事。

在新的时代开展下，郁达夫为一种激浪所影响，或将给我们一个机会加以诚实的敬视。张资平自然也不缺少这机会，那是因为他写故事的勇敢与耐力，取恋爱小说内含，总可以希望写出一个好东西来。伟大的故事，自然不一定要排斥这人间男女的事情，我们现在应当承认张资平的小说，是还能影响到一般新兴的作者，且在有意义的暗示中，产生轮廓相近而精神不同的作品的。

原载1930年3月10日《新月》第3卷第1期，署名甲辰

由冰心到废名

沈从文

从作品风格上观察比较,徐志摩与鲁迅作品,表现得实在完全不同。虽同样情感黏附于人生现象上都十分深切,其一给读者的印象,正如作者被人间万汇百物的动静感到炫目惊心,无物不美,无事不神,文字上因此反照出光彩陆离,如绮如锦,具有浓郁的色香,与不可抗的热(《巴黎的鳞爪》可以作例)。其一却好像凡事早已看透看准,文字因之清而冷,具剑戟气。不特对社会丑恶表示抗议时,寒光闪闪,有投枪意味,中必透心。即属于抽抒个人情绪,徘徊个人生活上,亦如寒花秋叶,颜色萧疏(《野草》《朝花夕拾》可以作例)。

然而不同之中倒有一点相同,即情感黏附于人生现象上(对人间万事的现象),总像有"莫可奈何"之感。"求孤独"俨若即可得到对现象执缚的解放。徐志摩在《我所知道的康桥》《常州天宁寺闻礼忏声》《北戴河海滨的幻想》《冥想》《想飞》《自剖》各文中,无不表现他这种"求孤独"的意愿,正如对"现世"有所退避,极力挣扎,虽然现世在他眼中依然如此美丽与神奇。这或者与他的实际生活有关,与他的恋爱及离婚又结婚有关。鲁迅在他的《朝花夕拾》小引一文中,更表示对于静寂的需要与向往。必需"单独",方有"自己"。热情的另一面本来就是如此向"过去"凝眸,与他在小说中表示的意识,二而一。正见出对现世退避的另一形式。

我常想在纷扰中寻出一点闲静来,然而委实不容易。目前是这么离奇,心里是这么芜杂。一个人做到只剩了回忆的时,生涯大概总要算是无聊了吧,但有时竟会连回忆也没有。中国的做文章有轨范,世事也仍然是螺旋。前几天我离开厦门大学,听到飞机在头上鸣叫,竟记得一年前在北京城上日日旋绕的飞机。我那时还做了一篇短文,叫作《一觉》。现在是连这"一觉"也没有了。

广州的天气热得真早,夕阳从西窗射入,逼得人只能勉强穿一件单衣。书桌上的一盆"水横枝",是我先前没见过的,就是一段树,只要浸在水中,枝叶便青葱得可爱。看看绿叶,编编旧稿,总算也在做一点事。做着这等事,真是虽生之日,犹死之年,很可以驱除炎热的。

前天,已将《野草》编定了,这回便轮到陆续载在《莽原》上的旧事重提,我还替他改了一个名称:《朝花夕拾》。带露折花,色香自然要好得多,但是我不能够。便是现在心目中的离奇和芜杂,我也还不能使他即刻幻化,转成离奇或芜杂的文章。或者,他日仰看流云时,会在我的眼前一闪烁吧。

我有一时，曾经屡次忆起儿时在故乡所吃的蔬果：菱角，罗汉豆，茭白，香瓜。凡这些，都是极其鲜美可口的，都曾是使我思乡的蛊惑。后来，我在久别之后尝到了，也不过如此；唯独在记忆上，还有旧来的意味留存。他们也许要哄骗我一生，使我时时反顾。

在《呐喊》自序上起始就说：

> 我在年青时候也曾经做过许多梦，后来大半忘却了，但自己也并不以为可惜。所谓回忆者，虽说可以使人欢欣，有时也不免使人寂寞，使精神的丝缕还牵着已逝的寂寞的时光，又有什么意味呢，而我偏苦于不能全忘却，这不能全忘的一部分，到现在便成了《呐喊》的来由。

这种对"当前"起游离感或厌倦感，正形成两个作家作品特点之一部分。也正如许多作家，对"当前"缺少这种感觉，即形成另外一种特点。在新散文作家中，可举出冰心、朱佩弦、废名三个人作品，当作代表。

这三个作家，文字风格表现上，并无什么相同处。然而同样是用清丽素朴的文字抒情，对人生小小事情，一例俨然怀着母性似的温爱，从笔下流出时，虽方式不一，细心读者却可得到同一印象，即作品中无不对于"人间"有个柔和的笑影，少夸张，不像徐志摩对于生命与热情的讴歌；少愤激，不像鲁迅对社会人生的诅咒。

雨声渐渐地住了，窗帘后隐隐的透进清光来。推开窗户一看,呀!凉云散了,树叶上的残滴,映着月儿,好似萤光千点,闪闪烁烁的动着。——真没想到苦雨孤灯之后,会有这么一幅清美的图画!

凭窗站了一会儿,微微的觉得凉意沁人。转过身来,忽然眼花缭乱,屋子里的别的东西,都隐在光云里;一片幽辉,只浸着墙上画中的安琪儿。——这白衣的安琪儿,抱着花儿,扬着翅儿,向着我微微地笑。

"这笑容仿佛在哪儿看见过似的,什么时候,我曾……"我不知不觉地便坐在窗口下想——默默地想。

严闭的心幕,慢慢地拉开了,涌出五年前的一个印象。——一条很长的古道。驴脚下的泥,兀自滑滑的。田沟里的水,潺潺的流着。近村的绿树,都笼在湿烟里。弓儿似的新月,挂在树梢。一边走着,似乎道旁有一个孩子,抱着一堆灿白的东西。驴儿过去了,无意中回头一看。——他抱着花儿,赤着脚儿,向着我微微地笑。

"这笑容又仿佛是哪儿看见过似的!"我仍是想——默默地想。

又现出一重心幕来,也慢慢地拉开了,涌出十年前的一个印象。——茅檐下的雨水,一滴一滴地落到衣上来。土阶边的水泡儿,泛来泛去地乱转。门前的麦垄和葡萄架上,都灌得新黄嫩绿得非常鲜丽。——一会儿好容易雨晴了,连忙走下坡儿去。迎头看见月儿从海面上来了,猛然记得有件东西忘下了,站住了,回过头来。这茅屋里的老妇人——她倚着门儿,抱着花儿,向着我微微地笑。

这同样微妙的神情,好似游丝一般,飘飘漾漾的合了拢来,绾在一起。

这时心下光明澄静,如登仙界,如归故乡。眼前浮现的三个笑容,一时融化在爱的调和里看不分明了。

(冰心《笑》)

水畔驰车,看斜阳在水上泼散出的闪烁的金光。晚风吹来,春衫嫌薄。这种生涯,是何等的宜于病后呵!

在这里,出游稍远便可看见水。曲折行来,道滑如拭。重重的树荫之外,不时倏忽的掩映着水光。我最爱的是玷池,称她为池真委屈了,她比小的湖还大呢!——有三四个小岛在水中央,上面随意地长着小树。池四围是丛林,绿意浓极。每日晚餐后我便出来游散。缓驰的车上,湖光中看遍了,美人芳草!——真是"水边多丽人"。看三三两两成群携手的人儿,男孩子都去领卷袖,女孩穿着颜色明艳的夏衣,短发飘拂。轻柔的笑声,从水面,从晚风中传来,非常的浪漫而潇洒。到此猛忆及曾晳对孔子言志,在"暮春者"之后,"浴乎沂风乎舞雩"之前,加上一句"春服既成",遂有无限的飘扬态度,真是千古隽语。

此外的如玄妙湖、侦池、角池等处,都是很秀丽的地方。大概湖的美处在"明媚"。水上的轻气,皱起万叠微波。湖畔再有芊芊的芳草,再有青青的树林,有平坦的道路,有曲折的白色栏杆,黄昏时便是天然的临眺乘凉的所在。湖上落日,更是绝妙的画图。夜中归去长桥上两串徐徐互相往来移动的灯星,颗颗含着凉意。若是明月中天,不必说,光景尤其宜人了。

前几天游大西洋滨岸,沙滩上游人如蚁。或坐或立或弄潮为戏,大家都是穿着泅水衣服。沿岸两三里的游艺场,乐声飒飒,人声嘈杂。小孩子们都在铁马铁车上,也有空中旋转车,也有小飞艇,五光十色的。机关一动,都纷纷奔驰,高举凌空。我看那些小朋友们都很欢喜得意的!

这里成了"人海"。如蚁的游人,盖没了浪花。我觉得无味。我们捩转车来,直到娜罕去。

渐渐地静了下来。还在树林子里,我已迎到了冷意侵人的海风。再三四转,大海和岩石都横到了眼前!这是海的真面目呵。浩浩万里的蔚蓝无底的海涛。壮厉的海风蓬蓬地吹来,带着腥咸的气味。在闻到腥咸的海味之时,我往往忆及童年拾卵石贝壳的光景,而惊叹海之伟大,在我抱肩迎着吹人欲折的海风之时,才了解海之所以为海,全在乎这不可御的凛然的冷意!

在嶙峋的大海石之间岩隙的树荫之下,我望着卵岩,也看见上面白色的灯塔。此时静极,只几处很精致的避暑别墅,悄然地立在断岩之上,悲壮的海风,穿过丛林,似乎在奏"天风海涛"之曲。支颐凝坐,想海波尽处,是群龙见首的欧洲,我和平的故乡,比这可望而不可即的海天还遥远呢!

故乡没有明媚的湖光，故乡没有汪洋的大海，故乡没有葱绿的树林，故乡没有连阡的芳草。北京只是尘土飞扬的街道，泥污的小胡同，灰色的城墙，流汗的人力车夫的奔走。我的故乡，我的北京，是一无所有。

　　小朋友，我不是一个乐而忘返的人，此间纵是地上的乐园，我却仍是"在客"。我寄母亲信中曾说：

　　"……在北京似乎是一无所有——北京纵是一无所有，然已有了我的爱。有了我的爱，便是有了一切！灰色的城围里住着我最宝爱一切的人。飞扬的尘土呵，何容我再嗅着我故乡的香气……"

　　易卜生曾说过："海上的人，心潮往往如海波一般的起伏动荡"，而那一瞬间静坐在岩上的我的思想，比海波尤加一倍的起伏。海上的黄昏星已出，海风似在催我归去。归途中很怅惘。只是还买了一筐新从海里拾出的蛤蜊。当我和车边赤足捧筐的孩子问价时，他仰着通红的小脸笑向着我。他岂知我正默默地为他祝福，祝福他终身享乐此海上拾贝的生涯！

　　（冰心《寄小读者》"通讯二十"）

　　从冰心作品中，文字组织处处可以发现"五四时代"文白杂糅的情形，辞藻的运用，也多由文言的习惯转变而来。不仅仅景物描写如此，便是用在对话上，同样不免如此。文字的基础完全建筑在活用的语言上，在散文作家中，应当数朱自清。五四以后谈及写美丽散文的，常把朱俞并举，即朱自清俞平伯。《桨声灯影里的秦淮河》与

《西湖六月十八夜》两篇文章，代表当时抒情散文的最高点。叙事如画，似乎是当时一种风气。（有时或微觉得文字琐碎繁复。）散文中具诗意或诗境，尤以朱先生作品成就为好。直到如今，尚称为典型的作风。至于在写作上有一种"自得其乐"的意味，一种对人生欣赏态度，从俞平伯作品尤易看出。

对朱俞的文章评论，钟敬文以为朱文无周作人的隽永，无俞平伯的绵密，无徐志摩的艳丽，无谢冰心的飘逸；然而却另有一种真挚清幽的神态。有说，朱俞同样细腻，不同处在俞委婉，朱深秀。阿英以为朱文如"欢乐苦少忧患多"之感，因此对现在感到"花开堪折直须折"情形，文字素朴而通俗，正与说理的朱孟实文字异曲同工。周作人则以为俞平伯文如嚼橄榄，味涩而有回甘，自成一家。

这几天心里颇不宁静。今晚在院子里坐着乘凉，忽然想起日日走过的荷塘，在这满月的光里，总该另有一番样子吧。月亮渐渐地升高了，墙外马路上孩子们的欢笑，已经听不见了；妻在屋里拍着闰儿，迷迷糊糊地哼着眠歌。我悄悄地披了大衫，带上门出去。

沿着荷塘，是一条曲折的小煤屑路。这是一条幽僻的路；白天也少人走，夜晚更加寂寞。荷塘四面，长着许多树，蓊蓊郁郁的。路的一旁，是些杨柳，和一些不知道名字的树。没有月光的晚上，这路上阴森森的，有些怕人。今晚却很好，虽然月光也还是淡淡的。

路上只我一个人，背着手踱着。这一片天地好像是我的；我也像超出了平常的自己，到了另一世界里。我爱热闹，也爱冷静；爱群居，也爱独处。像今晚上，一个人在这苍茫的月下，什么都可以想，什么都可以不想，便觉是个自由的人。白天里一定要做的事，一定要说的话，现在都可不理。这是独处的妙处，我且受用这无边的荷香月色好了。

曲曲折折的荷塘上面，弥望的是田田的叶子。叶子出水很高，像亭亭的舞女的裙。层层的叶子中间，零星地点缀着些白花，有袅娜地开着的，有羞涩地打着朵儿的；正如一粒粒的明珠，又如碧天里的星星，又如刚出浴的美人。微风过处，送来缕缕清香，仿佛远处高楼上渺茫的歌声似的。这时候叶子与花也有一丝的颤动，像闪电般，霎时传过荷塘的那边去了。叶子本是肩并肩密密地挨着，这便宛然有了一道凝碧的波痕。叶子底下是脉脉的流水，遮住了，不能见一些颜色；而叶子却更见风致了。

月光如流水一般，静静地泻在这一片叶子和花上。薄薄的青雾浮起在荷塘里。叶子和花仿佛在牛乳中洗过一样；又像笼着轻纱的梦。虽然是满月，天上却有一层淡淡的云，所以不能朗照；但我以为这恰是到了好处——酣眠固不可少，小睡也别有风味的。月光是隔了树照过来的，高处丛生的灌木，落下参差的斑驳的黑影，峭楞楞如鬼一般；弯弯的杨柳的稀疏的倩影，却又像是画在荷叶上。塘中的月色并不均匀；但光与影有着和谐的旋律，如梵婀玲上奏着的名曲。

荷塘的四面，远远近近，高高低低都是树，而杨柳最多。这些树将一片荷塘重重围住；只在小路一旁，漏着几段空隙，像是特为月光留下的。树色一例是阴阴的，乍看像一团烟雾；但杨柳的丰姿，便在烟雾里也辨得出。树梢上隐隐约约的是一带远山，只有些大意罢了。树缝里也漏着一两点路灯光，没精打采的，是渴睡人的眼。这时候最热闹的，要数树上的蝉声与水里的蛙声；但热闹是它们的，我什么也没有。

忽然想起采莲的事情来了。采莲是江南的旧俗，似乎很早就有，而六朝时为盛；从诗歌里可以约略知道。采莲的是少年的女子，她们是荡着小船，唱着艳歌去的。采莲人不用说很多，还有看采莲的人。那是一个热闹的季节，也是一个风流的季节。梁元帝《采莲赋》里说得好：

于是妖童媛女，荡舟心许；鹢首徐回，兼传羽杯；棹将移而藻挂，船欲动而萍开。尔其纤腰束素，迁延顾步；夏始春余，叶嫩花初，恐沾裳而浅笑，畏倾船而敛裾。

可见当时嬉游的光景了。这真是有趣的事，可惜我们现在早已无福消受了。

于是又记起《西洲曲》里的句子：

采莲南塘秋，莲花过人头；低头弄莲子，莲子清如水。

今晚若有采莲人，这儿的莲花也算得"过人头"了；只不见一些流水的影子，是不行的。这令我到底惦着江南了。——这样想着，猛一抬头，不觉已是自己的门前；轻轻地推门进去，什么声息也没有，妻已睡熟好久了。

（朱自清《荷塘月色》）

有人称之为"絮语",以为周作人可代表一派。以抒情为主,大方而自然,与明代小品相近。周文可以看出廿年来社会的变,以及个人对于这变迁所有的感慨,贴住"人"。俞文看不出。只看出低回于人事小境,与社会俨然脱节。文章内容抒情成分多,文字烦琐,有《西青散记》《浮生六记》风趣。正如自己所说:"有些人是做文章应世,有些人是做文章给自己玩。"俞平伯近于做给自己玩,在执笔心情上有自得其乐之意。

《儒林外史》上杜慎卿说:"菜佣酒保都有六朝烟水气。"这每令我悠然神往于负着历史重载的石头城。虽然,南京也去过三两次,所谓烟花金粉的本地风光已大半消沉于无何有了。幸而后湖的新荷,台城的芜绿,秦淮的桨声灯影以及其余的,尚可仿佛惝悦地仰寻六代的流风遗韵。繁华虽随着年光云散烟消了,但它的薄痕倩影和与它曾相映发的湖山之美,毕竟留得几分,以新来游展的因缘,而隐跃跃悄沉沉地一页一页地重现了。至于说到人物的风流,我敢明证杜十七先生的话真是冤我们的——至少,今非昔比。他们的狡诈贪庸,差不多和其他都市里的人合用过一个模子的,一点看不出什么叫作"六朝烟水气"。

倒是这一次西泠桥上所见,虽说不上什么"六代风流",但总使人见信身在江南。这天是四月三日的午前,天气很晴明,我们携着姑苏,从我们那座小楼向岳坟走去。紫沙铺平的路上,鞋底擦擦地碎响着。略行几十步便转了一个弯。身上微觉燥起来。平平坦坦的桥陂迤逦向北偏西,这是西泠了。桥顶,西石栏旁放着一担甘蔗,有刨了皮切成段的,也有未去青皮留整枝的。还有一只水碗,一把帚是备洒水用的。而最惹目的,担子旁不见挑担子的人,仅仅有一条小板凳,一个稚嫩的小女孩子坐着。——卖蔗?

看她光景不过五六岁,脸皮黄黄儿的,脸盘圆圆儿的,蓬松细发结垂着小辫。春深了,但她穿得"厚里罗哆"的,一点没有衣架子,倒活像个老员外。淡蓝条子的布袄,青莲条子的坎肩,半新旧,且很有些儿脏。下边还系着开裆裤呢。她端端正正地坐着,右手捏一节蔗根,放在嘴边使劲地咬;咬下了一块仍然捏着,——淋漓的蔗汁在手上想是怪黏的。左手执一枝尺许高醉杨妃色的野桃花,开得有十分了。因为左手没得空,右手格外不得劲,而蔗根的嚼把持愈觉其费力了。

你曾见野桃花吗?(想你没有不见过的。)它虽不是群芳中的华贵,但当芳年,也是一时之秀。花瓣如晕脂的靥,绿叶如插鬟的翠钗,绛须又如钗上的流苏坠子。可笑它一到小小的女孩手中,便规规矩矩地不敢卖弄妖冶,倒学会一种娇憨了。它真机灵了。

至她并执桃蔗,得何意境?蔗根可嚼,桃花何用呢?何处相逢?何时抛弃?……这些是我们所能揣知,所敢言说的吗?你只看她那蒻水双瞳,不离不着,乍注即释,痴慧躁静,了无所见,即证此感邻于浑然,断断容不得多少回旋奔放的。你我且安分些吧。

在岳坟流连了一荡,有半点来钟。时已近午,我们循原路走回,从西堍上桥,只见道旁有被抛掷的桃枝和一些零零星星的蔗屑。那个女小孩已过西泠南堍,傍孤山之阴,蹒跚地独自摸回家去。背影越远越小,我痴望着。……

走过一个八九岁的男孩——她的哥?——轻轻地把被掷的桃花又捡起来,耍了一回,带笑地喊:"要不要?要不要?"其时作障的群青,成罗的一绿,都不肯言语了。他见没有应声,便随手一扬。一枝轻盈婀娜刚开到十分的桃花顿然飞坠于石栏杆外。

我似醒了。正午骄阳下,峭峙着葱碧的孤山。妻和小孩早都已回家了。我也懒懒地自走回去。一路闲闲地听自己鞋底擦沙的声响,又闲闲地想:"卖甘蔗的老吃甘蔗,一定要折本!孩子的……孩子……"

(俞平伯《西泠桥上卖甘蔗》)

五四以来,用叙事形式有所写作,作品仍应当称之为抒情文,在初期作者中,有两个比较生疏的作家,两本比较冷落的集子,值得注意:一是用"川岛"笔名写的《月夜》,一是用"落华生"笔名写的《空山灵雨》。两人作品与冰心作品有相同处,多追忆印象;也有相异处,写的是男女爱。虽所写到的是人事,不重行为的爱,只重感觉的爱。主要的是在表现一种风格,一种境界。人或沉默而羞涩,心或透明如水。给纸上人物赋一个灵魂,也是人事哀乐得失,也是在哀乐得失之际的动静,然而与同时代一般作品,却相去多远!

继承这种传统,来从事写作,成就特别好,尤以记言记行,用俭朴文字,如白描法绘画人生,一点一角的人生。笔下明丽而不纤细,温暖而不粗俗,风格独具,应推废名。然而这种微带女性似的单调,或因所写对象,在读者生活上过于隔绝,因此正当"乡村文学"或"农民文学"成为一个动人口号时,废名作品,却俨然在另外一个情形下产生存在,与读者不相通。虽然所写的还正是另一时另一处真正的乡村与农民,对读者说,毕竟太生疏了。

周作人称废名作品有田园风,得自然真趣。文情相生,略近于所谓"道"。不黏不滞,不凝于物,不为自己所表现"事"或表现工具"字"所拘束限制,谓为新的散文一种新格式。《竹林的故事》《桥》《枣》,有些短短篇章,写得实在很好。

原载 1940 年 10 月 16 日《国文月刊》第 3 期,
为总题"习作举例"第三篇

从徐志摩作品学习"抒情"

沈从文

在写作上想到下笔的便利,是以"我"为主,就官能感觉和印象温习来写随笔。或向内写心,或向外写物,或内外兼写,由心及物由物及心混成一片。方法上多变化,包含多,体裁上更不拘文格文式可以取例做参考的,现代作家中,徐志摩作品似乎最相宜。

如写风景,在《我所知道的康桥》,说到康桥天然的景色,说到康河,实在妩媚美丽得很。他要你凝神的看,要你听,要你感觉到这特殊风光。即或这是个对你十分陌生的外国地方,也能给你一种十分亲切的印象。

康桥的灵性全在一条河上;康河,我敢说,是全世界最秀丽的一条水。……河身多的是曲折,上游是有名的拜伦潭,当年拜伦常在那里玩的;有一个老村子叫格兰骞斯德,有一个果子园，你可以躺在累累的桃李树荫下吃茶，花果会掉入你的茶杯，小雀子会到你桌上来啄食，那真是别有一番天地。这是上游；下游是从骞斯德顿下去，河面展开，那是春夏间竞舟的场所。上下河分界处有一个坝筑，水流急得很，在星光下听水声，听近村晚钟声，听河畔倦牛刍草声，是我康桥经验中最神秘的一种：大自然的优美、宁静，调谐在这星光与波光的默契中不期然地淹入了你的性灵。……

这河身的两岸都是四季常青最葱翠的草坪。从校友居的楼上望去，对岸草场上，不论早晚，永远有十数匹黄牛与白马，胫蹄没在恣蔓的草丛中，从容地在咬嚼，星星的黄花在风中动荡，应和着它们尾鬃的扫拂。桥的两端有斜倚的垂柳与椈荫护住。水是彻底的清澄，深不足四尺，匀匀的长着长条的水草。这岸边的草坪又是我的爱宠，在清朝，在傍晚，我常去这天然的织锦上坐地，有时读书，有时看水；有时仰卧着看天空的行云，有时反扑着搂抱大地的温软。

但河上的风流还不止两岸的秀丽。你得买船去玩。……

你站在桥上去看人家撑，那多不费劲，多美！尤其在礼拜天有几个专家的女郎，穿一身缟素衣服，裙裾在风前悠悠地飘着，戴一顶宽边的薄纱帽，帽影在水草间颤动，你看她们出桥洞时的姿态，捻起一根竟像没分量的长竿，只轻轻地、不经心地往波心里一点，身子微微的一蹲，这船身便波的转出了桥影，翠条鱼似的向前滑了去。她们那敏捷，那闲暇，那轻盈，真是值得歌咏的。

在初夏阳光渐暖时你去买一支小船,划去桥边荫下躺着念你的书或是做你的梦,槐花香在水面上漂浮,鱼群的唼喋声在你的耳边挑逗。或是在初秋的黄昏,近着新月的寒光,望上流僻静处远去。爱热闹的少年们携着他们的女友,在船沿上支着双双的东洋彩纸灯,带着话匣子,船心里用软垫铺着,也开向无人迹处去享他们的野福——谁不爱听那水底翻的音乐在静定的河上描写梦意与春光!……

静极了,这朝来水溶溶的大道,只远处牛奶车的铃声,点缀这周遭的沉默。顺着这大道走去,走到尽头,再转入林子里的小径,往烟雾浓密处走去,头顶是交枝的榆荫,透露着漠愣愣的曙色;再往前走去,走尽这林子,当前是平坦的原野,望见了村舍,初青的麦田,更远三两个馒形的小山掩住了一条通道。天边是雾茫茫的,尖尖的黑影是近村的教寺。听,那晓钟和缓的清音。这一带是此邦中部的平原,地形像是海里的轻波,默沉沉的起伏;山岭是望不见的,有的是常青的草原与沃腴的田壤。登那土阜上望去,康桥只是一带茂林,拥戴着几处娉婷的尖阁。妩媚的康河也望不见踪迹,你只能循着那锦带似的林木想象那一流清浅。村舍与树林是这地盘上的棋子,有村舍处有佳荫,有佳荫处有村舍。这早起是看炊烟的时辰:朝雾渐渐的升起,揭开了这灰苍苍的天幕,(最好是微霰后的光景)远近的炊烟,成丝的,成缕的,成卷的,轻快的,迟重的,浓灰的,淡青的,惨白的,在静定的朝气里渐渐的上腾,渐渐地不见,仿佛是朝来人们的祈祷，参差的翳入了天厅。朝阳是难得见的，这初春的天气。但它来时是起早人莫大的愉快。顷刻间这田野添深了颜色，一层轻纱似的金粉糁上了这草，这树，这通道，这庄舍。顷刻间这周遭弥漫了清晨富丽的温柔。顷刻间你的心怀也分润了白天诞生的光荣。"春"！这胜利的晴空仿佛在你的耳边私语。"春"！你那快活的灵魂也仿佛在那里回响。

（摘引自《我所知道的康桥》）

对自然的感印下笔还容易，文字清而新，能凝眸动静光色，写下来即令人得到一种柔美印象。难的是对都市光景的捕捉，用极经济篇章，写一个繁华动荡建筑物高耸人群交流的都市。文字也俨然具建筑性，具流动性，如写巴黎。

巴黎！到过巴黎的一定不会再稀罕天堂；尝过巴黎的，老实说，连地狱都不想去了。整个的巴黎就像是一床野鸭绒的垫褥，衬得你通体舒泰，硬骨头都给熏酥了的——有时许太热一些。那也不碍事，只要你受得住。赞美是多余的，正如赞美天堂是多余的；诅咒也是多余的，正如诅咒地狱是多余的。巴黎，软绵绵的巴黎，只在你临别的时候轻轻地嘱咐一声"别忘了，再来！"其实连这都是多余的。谁不想再去？谁忘得了？

香草在你的脚下，春风在你的脸上，微笑在你的周遭。不拘束你，不责备你，不督饬你，不窘你，不恼你，不揉你。它搂着你，可不缚住你：是一条温存的臂膀，不是根绳子。它不是不让你跑，但它那招逗的指尖却永远在你的记忆里晃着。多轻盈的步履，罗袜的丝光随时可以沾上你记忆的颜色！

但巴黎却不是单调的喜剧。赛因河的柔波里掩映着罗浮宫的倩影，它也收藏着不少失意人最后的呼吸。流着，温驯的水波；流着，缠绵的恩怨。咖啡馆：和着交颈的软语，开怀的笑响，有踞坐在屋隅里蓬头少年计较自毁的哀思。跳舞场：和着翻飞的乐调，迷醇的酒香，有独自支颐的少妇思量着往迹的怆心。浮动在上一层的许是光明，是欢畅，是快乐，是甜蜜，是和谐；但沉淀在底里阳光照不到的才是人事经验的本质：说重一点是悲哀，说轻一点是惆怅；谁不愿意永远在轻快的流波里漾着，可得留神了你往深处去时的发现！……

放宽一点说，人生只是个机缘巧合；别瞧日常生活河水似的流得平顺，它那里面多的是潜流，多的是漩涡——轮着的时候谁躲得了给卷了进去？那就是你发愁的时候，是你登仙的时候，是你辨着酸的时候，是你尝着甜的时候。

巴黎也不定比别的地方怎样不同：不同就在那边生活流波里的潜流更猛，漩涡更急，因此你叫给卷进去的机会也就更多。

（摘自《巴黎的鳞爪》）

同样是写"物"，前面从实处写所见，后面从虚处写所感。在他的诗中也可以找出相近的例。从实处写，如《石虎胡同七号》；从虚处写，如《云游》。

我们的小园庭,有时荡漾着无限温柔:
善笑的藤娘,袒酥怀任团团的柿掌绸缪,
百尺的槐翁,在微风中俯身将棠姑抱搂,
黄狗在篱边,守候睡熟的珀儿,他的小友,
小雀儿新制求婚的艳曲,在媚唱无休——
我们的小园庭,有时荡漾着无限温柔。

我们的小园庭,有时淡描着依稀的梦境;
雨过的苍茫与满庭荫绿,织成无声幽瞑,
小蛙独坐在残兰的胸前,听隔院蚓鸣,
一片化不尽的雨云,倦展在老槐树顶,
掠檐前作圆形的舞旋,是蝙蝠,还是蜻蜓?——
我们的小园庭,有时淡描着依稀的梦境。

我们的小园庭,有时轻喟着一声奈何;
奈何在暴雨时,雨槌下捣烂鲜红无数,
奈何在新秋时,未凋的青叶惆怅地辞树。
奈何在深夜里,月儿乘云艇归去,西墙已度,
远巷薤露的乐音,一阵阵被冷风吹过——
我们的小园庭,有时轻喟着一声奈何。

我们的小园庭,有时沉浸在快乐之中;
雨后的黄昏,满院只美荫,清香与凉风,
大量的蹇翁,巨樽在手,蹇足直指天空,

一斤,两斤,杯底喝尽,满怀酒欢,满面酒红,
连珠的笑响中,浮沉着神仙似的酒翁——
我们的小园庭,有时沉浸在快乐之中。

(《石虎胡同七号》)

那天你翩翩地在空际云游,
自在,轻盈,你本不想停留
在天的那方或地的那角,
你的愉快是无拦阻的逍遥。
你更不经意在卑微的地面
有一流涧水,虽则你的明艳
在过路时点染了他的空灵,
使他惊醒,将你的倩影抱紧。
他抱紧的只是绵密的忧愁,
因为美不能在风光中静止。
他要,你已飞渡万重的山头,
去更阔大的湖海投射影子!
他在为你消瘦,那一流涧水,
在无能的盼望,盼望你飞回!

(《云游》)

　　一切优秀作品的制作,离不了手与心。更重要的,也许还是培养手与心那个"境",一个比较清虚寥廓,具有反照反省能够消化现象

与意象的境。单独把自己从课堂或寝室朋友或同学拉开，静静的与自然对面，即可慢慢得到。关于这问题，下面的自白便很有意思。作者的散文，以富于热情见长，风格独具。可是这热情的培养与表现，却从一个"单独"的"境"中得来的。

"单独"是一个耐寻味的现象。我有时想它是任何发现的第一个条件。你要发现你的朋友的"真"，你得有与他单独的机会。你要发现你自己的真，你得给你自己一个单独的机会。你要发现一个地方（地方一样有灵性），你也得有单独玩的机会。我们这一辈子，认真说，能认识几个人？能认识几个地方？我们都是太匆忙，太没有单独的机会。……

但一个人要写他最心爱的对象，不论是人是地，是多么使他为难的一个工作？你怕，你怕描坏了它，你怕说过分了恼了它，你怕说太谨慎了辜负了它。

（《我所知道的康桥》）

徐志摩作品给我们感觉是"动"，文字的动，情感的动，活泼而轻盈。如一盘圆圆珠子，在阳光下转个不停，色彩交错，变幻炫目。他的散文集《巴黎的鳞爪》代表他作品最高的成就。写景，写人，写事，写心，无一不见出作者对于现世光色的敏感，与对于文字性能的敏感。

原载 1940 年 8 月 16 日《国文月刊》创刊号，
为总题"习作举例"第一篇

论闻一多的《死水》

沈从文

以清明的眼,对一切人生景物凝眸,不为爱欲所炫目,不为污秽所恶心,同时,也不为尘俗卑猥的一片生活厌烦而有所逃遁;永远是那么看,那么透明的看,细小处,幽僻处,在诗人的眼中,皆闪耀一种光明。作品上,以一个"老成懂事"的风度,为人所注意,是闻一多先生的《死水》。

读《死水》容易保留到的印象,是这诗集为一本理智的、静观的诗。在作品中那种安详同世故处,是常常恼怒到年轻人的。因为年轻人在诗的德行上,有下面意义的承认:

　　诗是歌颂自然与人生的,
　　诗是诅咒自然与人生的,

诗是悦耳的柔和的东西，

诗是热烈的奔放的东西，

诗须有情感，表现的方法须带一点儿天真，

……

这样或那样，使诗必须成立于一个概念上，是"单纯"与"糊涂"。那是为什么？因为是"诗"。带着惊讶，恐怖，愤怒，欢悦，任情地歌唱，或谨慎地小心地低诉，才成为一般所认可的诗。纤细的敏感的神经，从小小人事上，作小小的接触，于是微带夸张，或微带忧郁，写成诗歌，这样诗歌才是合乎一九二〇年来中国读者的心情的诗歌。使生活的懑怨与忧郁气分，来注入诗歌中，则读者更易于理解，同情。因为从一九二三年到今日为止，手持新诗有所体会的年轻人，为了政治的同习惯的这一首生活的长诗，使人人都那么忧愁，那么忧愁！

社会的与生理的骚扰，年轻人，全是不安定，全是纠纷。所要的诗歌，有两种，一则大力叫号作直觉的否认，一则以热情为女人而赞美。郭沫若，在胡适之时代过后，以更豪放的声音，唱出力的英雄的调子，因此郭沫若诗以非常速度占领过国内青年的心上的空间。徐志摩则以另一意义，支配到若干青年男女的多感的心，每日有若干年轻人为那些热情的句子使心跳跃，使血奔窜。

在这样情形下，有两本最好的诗，朱湘《草莽集》，同闻一多的《死水》。两本诗皆稍稍离开了那时代所定下的条件，以另一态度出现，皆以非常寂寞的样子产生，存在。《草莽集》在中国抒情诗上的成就，形式与内容，实较之郭沫若纯粹得多。全部调子建立于平静上面，整个的平静，在平静中观照一切，用旧词中属于平静的情绪中所产生的柔软的调子，写成他自己的诗歌，明丽而不纤细。《草莽集》的价值，是不至于因目前的寂寞而消失的。

《死水》一集，在文字和组织上所达到的纯粹，那摆脱《草莽集》为词所支配的气息，而另外重新为中国建立一种新诗完整风格的成就，实较之国内任何诗人皆多。《死水》不是"热闹"的诗，那是当然的，过去不能使读者的心动摇，未来也将这样存在。然而这是近年来一本标准诗歌！在体裁方面，在文字方面，《死水》的影响，不是读者，当是作者。由于《死水》风格所暗示，现代国内作者向那风格努力的，已经很多了。在将来某一时节，诗歌的兴味有所转向，使读者，以诗为"人生与自然的另一解释"文字，使诗效率在"给读者学成安详的领会人生"，使诗的真价在"由于诗所启示于人的智慧与性灵"，则《死水》当成为一本更不能使人忘记的诗！

作者是画家，使《死水》集中具备刚劲的朴素线条的美丽。同样在画中，必需的色的错综的美，《死水》诗中也不缺少。作者是用一个画家的观察，去注意一切事物的外表，又用一个画家的手腕，在那些俨然具不同颜色的文字上，使诗的生命充溢的。

如《荒村》，可以代表作者使一幅画成就在诗上，如何涂抹他的颜色的本领。如《天安门》，在那些言语上如何着色，也可看出。与《天安门》相似那首《飞毛腿》，与《荒村》相近那首《洗衣歌》，皆以一个为人所不注意的题材，因作者的文字的染色，使那诗非常动人的。

他们都上那里去了？怎么
　　蛤蟆蹲在甑上，水瓢里开白莲；
　　桌椅板凳在田里堰里飘着；
　　蜘蛛的绳桥从东屋往西屋牵？
　　门框里嵌棺材，窗棂里镶石块！
　　这景象是多么古怪多么惨！
　　镰刀让它锈着快锈成了泥，
　　抛着整个的渔网在灰堆里烂。
　　天呀！这样的村庄都留不住他们！
　　玫瑰开不完，荷叶长成了伞；
　　秧针这样尖，湖水这样绿，
　　天这样青，鸟声像露珠样圆。
　　……
　　这样一个桃源，瞧不见人烟！！

这里所引的是《荒村》诗中一节。另外，以同样方法，画出诗人自己的心情，为百样声音百样光色所搅扰，略略与全集调子不同的，是《心跳》。代表作者在节奏和谐方面与朱湘诗有相似处，是一首名为《也许》的诗。

　　也许你真是哭得太累，
　　也许，也许你要睡一睡，
　　那么叫苍鹰不要咳嗽，

蛙不要号，蝙蝠不要飞，

不许阳光攒你的眼帘，
不许清风刷上你的眉，
……
也许你听着蚯蚓翻泥，
听那细草的根儿吸水，
……
我就让你睡，我让你睡，
我把黄土轻轻盖着你，
我叫纸钱儿缓缓地飞。

在《收回》，在《你指着太阳起誓》，这一类诗中，以诗为爱情二字加以诠解，《死水》中诗与徐志摩《翡冷翠的一夜》及其他诗歌，全是那么相同又那么差异。在这方面作者的长处，却正是一般人所不同意处，因为作者在诗上那种冷静的注意，使诗中情感也消灭到组织中，一般情诗所不能缺少的一点轻狂，一点荡，都无从存在了。

作者所长是想象驰骋于一切事物上，由各样不相关的事物，以韵作为联结的绳索，使诗成为发光的锦绮。于情诗，对于爱，是与志摩的诗所下解释完全不同，所显示完全的一面也有所不同了的。

作者的诗无热情，但也不缺少那由于两性纠纷所引起的抑郁。不过这抑郁，由作者诗中所表现时，是仍然能保持到那冷静而少动摇的恍惚的情形的。但离去爱欲这件事，使诗方向转到为信仰而歌唱时，如《祈祷》等篇，作者的热是无可与及的。

作者是提倡格律的一个人。一篇诗，成就于精练的修辞上，是作者的主张。如在《死水》上，作者想象与组织的能力，非常容易见到。

> 让死水酵成一沟绿酒，
> 飘满了珍珠似的白沫；
> 小珠笑一声变成大珠，
> 又被偷酒的花蚊咬破。

一首诗，告我们不是一个故事，一点感想，应当是一片霞，一园花，有各样的颜色与姿态，具各样香味，做各种变化，是那么细碎又是那么整个的美。欣赏它，使我们从他那超人力的完全中低首，为那超拔技巧而倾心，为那由于诗人手艺熟练而赞叹。《死水》中的每一首诗，是都不缺少那种完美技巧的。

但因这完全，作者的诗所表现虽常常是平常生活的一面，如《天安门》等，然而给读者印象却极陌生了。使诗在纯艺术上提高，所有组织常常成为奢侈的努力，与读者平常鉴赏能力远离，这样的诗除《死水》外，还有孙大雨的诗歌。

原载 1930 年 4 月 10 日《新月》第 3 卷第 2 期

第四编

我怎么创造故事，
故事怎么创造我

沈从文

我以为
由我自己把命运安排得十分美丽，
若势不可能，
安排一个小小故事，
应当不太困难。

青岛的五月，是个稀奇古怪的时节，从二月起的交换季候风忽然一息后，阳光热力到了地面，天气即刻暖和起来。树林深处，有了啄木鸟的踪迹和黄莺的鸣声。公园中梅花、桃花、玉兰、郁李、棣棠、海棠和樱花，正像约好了日子，都一齐开放了花朵。到处都聚集了些游人，穿起初上身的称身春服，携带酒食和糖果，坐在花木下边草地上赏花取乐。就中有些从南北大都市来看樱花作短期旅行的，从外表上一望也可明白。这些人为表示当前为自然解放后的从容和快乐，多仰卧在草地上，用手枕着头，被天上云影、压枝繁花弄得发迷。口中还轻轻吹着呼哨，学林中鸣禽唤春。女人多站在草地上为孩子们照相，孩子们却在花树间各处乱跑。

就在这种阳春烟景中，我偶然看到一个人的一首小诗，大意说：地上一切花果都从阳光取得生命的芳馥，人在自然秩序中，也只是一种生物，还待从阳光中取得营养和教育。因此常常欢喜孤独伶俜的，带了几个硬绿苹果，带了两本书，向阳光较多无人注意的海边走去。照习惯我是对准日出方向，沿海岸往东走。夸父追日我却迎起口头，不担心半道会渴死。走过了浴场，走过了炮台，走过了那个建筑在海湾石堆上俄国什么公爵的大房子，……一直到太平角凸出海中那个黛色大石堆上，方不再向前进。

这个地方前面已是一片碧绿大海，远远可看见水灵山岛的灰色圆影，和海上船只驶过时在浅紫色天末留下那一缕淡烟。我身背后是一片马尾松林，好像一个一个翠绿扫帚，扫拂天云。矮矮的疏疏的马尾松下，到处有一丛丛淡蓝色和黄白间杂野花在任意开放。

花丛间常常可看到一对对小而伶俐麻褐色野兔，神气天真烂漫，在那里追逐游戏。这地方还无一座房子，游人稀少，本来应分算是这些小小生物的特别区，所以与陌生人互相发现时，必不免抱有三分好奇，眼珠子骨碌碌地对人望望。望了好一会儿，似乎从神情间看出了一点危险，或猜想到"人"是什么，方憬然惊悟，猛回头在草树间奔窜。逃走时恰恰如一个毛团弹子一样迅速，也如一个弹子那么忽然触着树身而转折，更换个方向继续奔窜。这聪敏、活泼生物，终于在绿色马尾松和杂花间消失了。我于是好像有点抱歉，来估想它受惊以后跑回窠中的情形。它们照例是用埋在地下的引水陶筒作家的，因为里面四通八达，合乎传说上的三窟意义。进去以后，必挤得紧紧地，为求安全准备第二次逃奔，因为有时很可能是被一匹狗追逐，狗尚徘徊在水道口。过一会儿心定了一点，小心谨慎从水道口露出那两个毛茸茸的小耳朵和光头来，听听远近风声，从经验明白"天下太平"后，方重新到草树间来游戏。

我坐的地方八尺以外，便是一道陡峻的悬崖，向下直插入深海中。若想自杀，只要稍稍用力向前一跃，就可坠崖而下，掉进海水里喂鱼吃。海水有时平静无波，如一片光滑的玻璃。有时可看到两三丈高的大浪头，载着皱褶的白帽子，直向岩石下扑撞，结果这浪头却变成一片银白色的水沫，一阵带咸味的雾雨。我一面让和暖阳光烘炙肩背手足，取得生命所需要的热和力，一面却用面前这片大海教育我，淘深我的生命。时间长，次数多，天与树与海的形色气味，便静静地溶解到了我绝对单独的灵魂里。我虽寂寞却并不悲伤。因为从默会遐想中，感觉到生命智慧和力量。心脏跳跃节奏中，即俨然有形式完美韵律清新的诗歌，和调子柔软而充满青春纪念的音乐。

"名誉、金钱或爱情，什么都没有，这不算什么。我有一颗能为一切现世光影而跳跃的心，就很够了。这颗心不仅能够梦想一切，而且可以完全实现它。一切花草既都能从阳光下得到生机，各自于阳春烟景中芳菲一时，我的生命上的花朵，也待发展，待开放，必然有惊人的美丽与芳香。"

我仰卧时那么打量。一起身，另外一种回答就起自中心深处。这正是想象碰着边际时所引起的一种回音。回音中见出一点世故，一点冷嘲，一种受社会挫折蹂躏过的记号。

"一个人心情骄傲，性格孤僻，未必就能够做战士，应当时时刻刻记住，得谨慎小心，你到的原是个深海边。身体纵不至于掉进海里去，一颗心若掉到梦想的幻异境界中去，也相当危险，挣扎出来并不容易！"

这点世故对于当时的我并不需要，因此我重新躺下去，俨若表示业已心甘情愿受我选定的生活选定的人所征服。我等待这种征服。

"为什么要挣扎？倘若那正是我要到的去处，用不着使力挣扎的。我一定放弃任何抵抗愿望，一直向下沉。不管它是带咸味的海水，还是带苦味的人生，我要沉到底为止。这才像是生活，是生命。我需要的就是绝对的皈依，从皈依中见到神。我是个乡下人，走到任何一处照例都带了一把尺，一把秤，和普遍社会总是不合。一切来到我命运中的事事物物，我有我自己的尺寸和分量，来证实生命的价值和意义。我用不着你们名叫'社会'为制定的那个东西，我讨厌一般标准，尤其是什么思想家为扭曲蠹蚀人性而定下的乡愿蠢事。这种思想算是什么？不过是少年时男女欲望受压抑，中年时权势欲望受打击，老年时体力活动受限制，因之用这个来弥补自己并向人间复仇的人病态的表示罢了。这种人从来就是不健康的，哪能够希望有个健康人生观。"

"好，你不妨试试看，能不能使用你自己那个尺和秤，去量量你和人的关系。"

"你难道不相信吗？"

"你应当自己有自信，不用担心别人不相信。一个人常常因为对自己缺少自信，才要从别人相信中得到证明。政治上纠纠纷纷，以及在这种纠纷中的牺牲，使百万人在面前流血，流血的意义就为的是可增加某种人自己那点自信。在普通人事关系上，且有人自信不过，又无从用牺牲他人得到证明，所以一失了恋就自杀的。这种人做了一件其蠢无以复加的行为，还以为自己是在追求生命最高的意义，而且得到了它。"

"我只为的是如你所谓灵魂上的骄傲，也要始终保留着那点自信！"

"那自然极好，因为凡真有自信的人，不问他的自信是从官能健康或观念顽固而来，都可望能够赢得他人的承认。不过你得注意，风不常向一定方向吹。我们生活中到处是'偶然',生命中还有比理性更具势力的'情感'。一个人的一生可说即由偶然和情感乘除而来。你虽不迷信命运,新的偶然和情感,可将形成你明天的命运,决定他后天的命运。"

"我自信我能得到我所要的,也能拒绝我不要的。"

"这只限于选购牙刷一类小事情。另外一件小事情,就会发现势不可能。至于在人事上,你不能有意得到那个偶然的凑巧,也无从拒绝那个附于情感上的弱点。"

辩论到这点时,仿佛自尊心起始受了点损害,躺着向天的那个我,沉默了。坐着望海的那个我,因此也沉默了。

试看看面前的大海,海水明蓝而静寂,温厚而蕴藉。虽明知中途必有若干海岛,可供候鸟迁移时栖息,且一直向前,终可到达一个绿芜无限的彼岸。但一个缺少航海经验的人,是无从用想象去证实的,这也正与一个人的生命相似。再试抬头看看天空云影,并温习另外一时同样天空的云影,我便俨若有会于心。因为海上的云彩实在丰富异常。有时五色相渲,千变万化,天空如张开一张锦毯。有时又素净纯洁,天空但见一片绿玉,别无他物。这地方一年中有大半年天空中竟完全是一幅神奇的图画,有青春的嘘息,触起人狂想和梦想,看来令人起轻快感、温柔感、音乐感、情欲感。海市蜃楼就在这种天空中显现,它虽不常在人眼底,却永远在人心中。秦皇汉武的事业,同样结束在一个长生不死青春常驻的梦境里,不是毫无道理的。然而这应当是偶然和情感乘除,此外还有点别的什么?

我不羡慕神仙,因为我是个凡人。我还不曾受过任何女人关心,也不曾怎么关心过别的女人。我在移动云影下，做了些年轻人所能做的梦。我明白我这颗心在情分取予得失上，受得住人的冷淡糟蹋，也载得起来的忘我狂欢。我试重新询问我自己。

"什么人能在我生命中如一条虹，一粒星子，在记忆中永远忘不了？应当有么一个人。"

"怎么这样谦虚得小气？这种人虽行将就要陆续来到你的生命中，各自保有一点势力。这些人名字都叫作'偶然'。名字有点俗气，但你并不讨厌它，因为它比虹和星还无固定性，还无再现性。它过身，留下一点什么在这个世界上一个人的心上；它消失，当真就消失了。除了留在心上那个痕迹，说不定从此就永远消失了。这消失也不会使人悲观，为的是它曾经活在你心上过，并且到处是偶然。"

"我是不是也能够在另外一个生命中保留一种势力？"

"这应当看你的情感。"

"难道我和人对于自己，都不能照一种预定计划去做一点……"

"唉，得了。什么计划？你意思是不是说那个理性可以为你决定一件事情，而这事情又恰恰是上帝从不曾交把任何一个人的？你试想想看，能不能决定三点钟以后，从海边回到你那个住处去，半路上会有些什么事情等待你？这些事影响到一年两年后的生活可能有多大？若这一点你失败了，那其他的事情，显然就超过你智力和能力以外更远了。这种测验对于你也不是件坏事情，因为可让你明白偶然和感情将来在你生命中的种种，说不定还可以增加你一点忧患来临的容忍力——也就是新的道家思想，在某一点某一事上，你得有点信天委命的达观，你因此才能泰然坦然继续活下去。"

我于是靠在一株马尾松旁边，一面采摘那些杂色不知名野花，一面试去想象，下午回去半路上可能发生的一切事情。

到下午四点钟左右，我预备回家了。在惠泉浴场潮水退落后的海滩泥地上，看见一把被海水漂成白色的小螺蚌，在散乱的地面反着珍珠光泽。从螺蚌形色，可推得这是一个细心的人的成绩。我猜想这也许是个随同家中人到海滩上来游玩的女孩子，用两只小而美丽的手，精心细意把它从沙砾中选出，玩过一阵以后，手中有了一点温汗，怪不受用，又还舍不得抛弃。恰好见家中人在前面休息处从藤提篮中取出苹果，得到个理由要把手弄干净一点，就将它塞在保姆手里，不再关心这个东西了。保姆把这些螺蚌残骸捏在大手里一会儿，又为另外一个原因，把它随意丢在这里了。因为湿地上留下一列极长的足印，就中有个是小女孩留下的，我为追踪这个足印，方发现了它。这足印到此为止，随后即斜斜地向可供休息的一个大石边走去，步伐已较宽，脚印也较深，可知是跑去的。并且石头上还有些苹果香蕉皮屑。我于是把那些美丽螺蚌一一捡到手中，因为这些过去生命，保留了一些别的生命的美丽天真愿望活在我的想象中。

再走过去一点，我又追踪另外两个脚迹走去，从大小上可看出这是一对年轻伴侣留下的。到一个最适宜于看海上风帆的地点，两个脚迹稍深了点，乱了点，似乎曾经停留了一会儿。从男人手杖尖端划在砂上的几条无意义的曲线，和一些三角形与圆圈，和一个装胶卷的小黄纸盒，可推测得出这对年轻伴侣，说不定到了这里，恰好看见海上一片三角形白帆驶过，因为欣赏景致停顿了一会儿，还照了个相。照相的很可能是女人，手杖在砂上画的曲线和其他，就代表男子闲坐与一点厌烦。在这个地方照相，又可知是一对外来游人，照规矩，本地人是不会在这个地方照相的。

再走过去一点，到海滩滩头时，我碰到一个敲拾牡蛎的穷女孩，竹篮中装了一些牡蛎和一把黄花。

于是我回到了住处。上楼梯时楼梯照样轧轧地响，从这响声中就可知并无什么意外事发生。从一个同事半开房门中，可看到墙壁上一张有香烟广告美人画。另外一个同事窗台上，依然有个鱼肝油空瓶。一切都照样。尤其是楼下厨房中大师傅，在调羹和味时那些碗盏磕碰声音，以及那点从楼口上溢的扑鼻香味，更增加凡事照常的感觉。我不免对于在海边那个宿命论与不可知论的我，觉得有点相信不过。

其时尚未黄昏，住处小院子十分清寂，远在三里外的海上细语啮岸声音，也听得很清楚。院子内花坛中一大丛珍珠梅，脆弱枝条上繁花如雷。我独自在院中划有方格的水泥道上来回散步，一面走一面思索些抽象问题。恰恰如《歌德传记》中说他二十多岁时在一个钟楼上看村景心情，身边手边除了本诗集什么都没有，可是世界上一切俨然为他而存在。用一颗心去为一切光色声音气味而跳跃，比用两条强壮手臂对于一个女人所能做的还更多。可是多多少少有一点难受，好像在有所等待，可不知要来的是什么。

远远的忽然听到女人笑语声，抬头看看，就发现短墙外拉斜下去的山路旁，那个加拿大白杨林边，正有个年事轻轻的女人，穿着件式样称身的黄绸袍子，走过草坪去追赶一个女伴。另外一处却有个"上海人"模样穿旅行装的二号胖子，携带两个孩子，在招呼他们。我心想，怕是什么银行中人来看樱花吧。这些人照例住第一宾馆的头等房间，上馆子时必叫"甲鲫鱼"，还要到炮台边去照几个相，一切行为都反映他钱袋的饱满和兴趣的庸俗。女的很可能因为从上海来的，衣服都很时髦，可是脑子都空空洞洞，除了从电影上追求女角的头发式样，算是生命中至高的悦乐，此外竟毫无所知。

过不久，同住的几个专家陆续从学校回来了，于是照例开饭。甲乙丙丁戊己庚辛坐满了一桌子，再加上一位陌生女客，一个受过北平高等学校教育上海高等时髦教育的女人。照表面看，这个女人可说是完美无疵，大学教授理想的太太；照言谈看，这个女人并且对于文学艺术竟像是无不当行。不凑巧平时吃保肾丸的教授乙，饭后拿了个手卷人物画来欣赏时，这个漂亮女客却特别对画上的人物数目感兴趣，这一来，我就明白女客精神上还是大观园拿花荷包的人物了。

到了晚上，我想起"偶然"和"情感"两个名词，不免重新有点不平。好像一个对生命有计划对理性有信心的我，被另一个宿命论不可知论的我战败了。虽然败还不服输，所以总得想方法来证实一下。当时唯一可证实我是能够有理想照理想活下去的事，即使用手上一支笔写点什么。先是为一个远在千里外女孩子写了些信，预备把白天海滩上无意中得到的螺蚌附在信里寄去，因为叙述这些螺蚌的来源，我不免将海上光景描绘一番。这种信写成后使我不免有点难过起来，心俨然沉到一种绝望的泥潭里了，为自救自解计，才另外来写个故事。

我以为由我自己把命运安排得十分美丽，若势不可能，安排一个小小故事，应当不太困难。我想试试看能不能在空中建造一个式样新奇的楼阁。我无中生有，就日中所见，重新拼合写下去，我应当承认，在写到故事一小部分时，情感即已抬了头。我一直写到天明，还不曾离开桌边,且经过二十三个钟头,只吃过三个硬苹果。写到一半时,我方在前面加个题目:《八骏图》。

第五天后,故事居然写成功了。第二十七天后,故事便在上海一个刊物上发表了。刊物从上海寄过青岛时,同住几个专家都觉得被我讥讽了一下,都以为自己即故事上甲乙丙丁,完全不想到我写它的用意,只是在组织一个梦境。至于用来表现"人"在各种限制下所见出的性心理错综情感,我从中抽出式样不同的几种人,用语言、行为、联想、比喻以及其他方式来描写它。这些人照样活一世,并不以为难受,到被别人如此艺术地加以处理时,看来反而难受,在我当时竟觉得大不可解。这故事虽得来些不必要麻烦,且影响到我后来放弃教学的理想,可是一般读者却因故事和题目巧合,表现方法相当新,处理情感相当美,留下个较好印象。且以为一定真有那么一回事,因此按照上海风气,为我故事来做索引,就中男男女女都有名有姓。这种索引自然是不可信的,尤其是说到的女人,近于猜谜。这种猜谜既无关大旨,所以我只用微笑和沉默作为答复。

夏天来了,大家都向海边跑,我却留在山上。有一天,独自在学校旁一列梧桐树下散步,太阳光从梧桐大叶空隙间滤过,光影印在地面上,纵横交错,俨若有所契,有所悟,只觉得生命和一切都交互溶解在光影中。这时节,我又照例成为两种对立的人格。

我稍稍有点自骄,有点兴奋,"什么是偶然和情感?我要做的事,就可以做。世界上不可能用任何人力材料建筑的宫殿和城堡,原可以用文字作成功的。有人用文字写人类行为的历史。我要写我自己的心和梦的历史。我试验过了,还要从另外一些方面做种种试验。"

那个回音依然是冷冷的,"这不是最好的例,若用前事作例,倒恰好证明前次说的偶然和情感实决定你这个作品的形式和内容。你偶然遇到几件琐碎事情,在情感兴奋中黏合贯串了这些事情,末了就写成了那么一个故事。你再写写看,就知道你单是'要写',并不成功了。文字虽能建筑宫殿和城堡,可是那个图样却是另外一时的偶然和情感决定的。"

"这是一种诡辩。时间将为证明,我要做什么,必能做什么。"

"别说你'能'做什么,你不知道,就是你'要'做什么,难道还不是由偶然和情感乘除来决定?人应当有自信,但不许超越那个限度。"

"情感难道不属于我?不由我控制?"

"它属于你,可并不如由知识堆积而来的理性,能供你使唤。只能说你属于它,它又属于生理上的'性',性又属于人事机缘上的那个偶然。它能使你生命如有光辉,就是它恰恰如一个星体为阳光照及时。你能不能知道阳光在地面上产生了多少生命,具有多少不同形式?你能不能知道有多少生命名字叫作'女人',在什么情形下就使你生命放光,情感发炎?你能不能估计有什么在阳光下生长中的生命,到某一时原来恰恰就在支配你,成就你?这一切你全不知道!"

"……"

这似乎太空虚了点,正像一个人在抽象中游泳,这样游来游去,自然不会到达那个理想或事实边际。如果是海水,还可推测得出本身浮沉和位置。如今只是抽象,一切都超越感觉以上,因此我不免有点恐怖起来。我赶忙离开了树下日影,向人群集中处走去,到了熙来攘往的大街上。这一来,两个我照例都消失了。只见陌生人林林总总,在为一切事而忙。商店和银行,饭馆和理发馆,到处有人进出。人与人关系变得复杂到不可思议,然而又异常单纯的一律受钞票所控制。到处有人在得失上爱憎,在得失上笑骂,在得失上做种种表示。离开了大街,转到市政府和教堂时,就可使人想到这是历史上种种得失竞争的象征。或用文字制作经典,或用木石造作虽庞大却极不雅观的建筑物,共同支撑一部分前人的意见,而照例更支撑了多数后人的衣禄。……不知如何一来,一切人事在我眼前都变成了漫画,既虚伪,又俗气,而且反复继续下去,不知到何时为止。但觉人生百年长勤,所得于物虽不少,所得于己实不多。

我俨然就休息到这种对人事的感慨上,虽累而不十分疲倦。我在那座教堂石阶上面对大海坐了许久。

回来时,我想除去那些漫画印象和不必要的人事感慨,就重新使用这支笔,来把佛经中小故事放大翻新,注入我生命中属于情绪散步的种种纤细感觉和荒唐想象。我认为,人生为追求抽象原则,应超越功利得失和贫富等级,去处理生命与生活。我认为,人生至少还容许用将来重新安排一次,就么试来重做安排,因此又写成一本《月下小景》。

两年后,《八骏图》和《月下小景》结束了我的教书生活,也结束了我海边孤寂中的那种情绪生活。两年前偶然写成的一个小说,损害了他人的尊严,使我无从和甲乙丙丁专家同在一处继续共事下去。偶然拾起的一些螺蚌,连同一个短信,寄到另外一处时,却装饰了另外一个人的青春生命,我的幻想已证实了一部分,原来我和一个素朴而沉默的女孩子，相互间在生命中都保留一种势力，无从去掉了。我到了北平。

有一天，我走入北平城一个人家的阔大华贵客厅里，猩红丝绒垂地的窗帘，猩红丝绒四丈见方的地毯，把我愣住了。我就在一套猩红丝绒旧式大沙发中间，选了靠近屋角一张沙发坐下来，观看对面高大墙壁上的巨幅字画。莫友芝斗大的分隶屏条，赵撝叔斗大的红桃立轴，这一切竟像是特意为配合客厅而准备，并且还像是特意为压迫客人而准备。一切都那么壮大，我于是似乎缩得很小。来到这地方是替一个亲戚带个小礼物，应当面把礼物交给女主人的。等了一会儿，女主人不曾出来，从客厅一角却出来了个"偶然"。问问才知道是这人家的家庭教师，和青岛托带礼物的亲戚也相熟，和我好些朋友都相熟。虽不曾见过我，可是却读过我作的许多故事。因为那女主人出了门，等等方能回来，所以用电话要她和我谈谈。我们谈到青岛的四季，两年前她还到过青岛看樱花，以为樱花和别的花都并不比北平的花好，倒是那个海有意思。

女主人回来时，正是我们谈到海边一切，和那个本来俨然海边的主人麻兔时。我们又谈了些别的事方告辞。"偶然"给我一个幽雅而脆弱的印象，一张白白的小脸，一堆黑而光柔的头发，一点陌生羞怯的笑。当发后的压发翠花跌落到地毯上，躬身下去寻找时，我仿佛看到一条素色的虹霓。虹霓失去了彩色，究竟还有什么，我并不知道。"偶然"给我保留一种印象，我给了"偶然"一本书，书上第一篇故事，原可说就是两年前为抵抗"偶然"而写成的。

一个月以后，我又在另外一个素朴而美丽的小客厅中见到了"偶然"。她说一点钟前还看过我写的那个故事,一面说一面微笑。且把头略偏,眼中带点羞怯之光,想有所探询,可不便启齿。

仿佛有斑鸠唤雨声音从远处传来。小庭园玉兰正盛开。我们说了些闲话,到后"偶然"方问我:"你写的可是真事情?"

我说,"什么叫作真?我倒不大明白真和不真在文学上的区别,也不能分辨它在情感上的区别。文学艺术只有美和不美。精卫衔石,杜鹃啼血,情真事不真,并不妨事。你觉得对不对?"

"我看你写的小说,觉得很美,当真很美,但是,事情真不真——可未必真!"

这种怀疑似乎已超过了文学作品的欣赏,所要理解的是作者的人生态度。

我稍稍停了一会儿,"不管是故事还是人生,一切都应当美一些!丑的东西虽不是罪恶,可是总不能令人愉快。我们活到这个现代社会中,被官僚、政客、银行老板、理发师和成衣师傅,共同弄得到处是丑陋,可是人应当还有个较理想的标准,也能够达到那个标准,至少容许在文学艺术上创造那标准。因为不管别的如何,美应当是善的一种形式!"

正像是这几句空话说中了"偶然"另外某种嗜好,"偶然"轻轻地叹了一口气。"美的有时也令人不愉快!譬如说,一个人刚好订婚,又凑巧……"

我说,"呵!我知道了。你看了我写的故事一定难过起来了。不要难受,美丽总使人忧愁,可是还受用。那是我在海上受水云教育产生的幻影,并非实有其事!"

"偶然"于是笑了。因为心被个故事已浸柔软，忽然明白这为古人担忧弱点已给客人发现，自然觉得不大好意思。因此不再说什么，把一双白手拉拉衣角，裹紧了膝头。那天穿的衣服，恰好是件绿地小黄花绸子夹衫，衣角袖口缘了一点紫。也许自己想起这种事，只是不经意地和我那故事巧合，也许又以为客人并不认为这是不经意，且认为是成心。所以在应对间不免用较多微笑作为礼貌的装饰，与不安情绪的盖覆。结果另外又给了我一种印象。我呢，我知道，上次那本小书给人甘美的忧愁已够多了。

　　离开那个素朴小客厅时，我似乎遗失了一点什么东西。在开满了马樱花和洋槐的长安街大路上，试搜寻每个衣袋，不曾发现失去的是什么。后来转入中南海公园，在柳堤上绕了一个大圈子，见到水中的云影，方骤然觉悟失去的只是三年前独自在青岛大海边向虚空凝眸，做种种辩论时那一点孩子气主张。这点自信若不是掉落到一堆时间后边，就是前不久掉在那个小客厅中了。

　　我坐在一株老柳树下休息，想起"偶然"穿的那件夹衫，颜色花朵如何与我故事上景物巧合。当这点秘密被我发现时，"偶然"所表示的那种轻微不安，是种什么分量。我想起我向"偶然"说的话，这些话，在"偶然"生命中，可能发生的那点意义，又是种什么分量，心似乎有点跳得不大正常。"美丽总使人忧愁，然而还受用。"

　　一个小小金甲虫落在我的手背上，捉住了它看看时，只见六只小脚全缩敛到带金属光泽的甲壳下面。从这小虫生命完整处，见出自然之巧和生命形式的多方。手轻轻一扬，金虫即振翅飞起，消失在广阔的湖面莲叶间了。我同样保留了一点印象在记忆里。原来我的心尚空阔得很，为的是过去曾经装过各式各样的梦，把梦腾挪开时，还装得上许多事事物物。然而我想这个泛神倾向若用之与自然对面，很可给我对现世光色有更多理解机会；若用之于和人事对面，或不免即成为我一种弱点，尤其是在当前的情形下，决不能容许弱点抬头。

因此我有意从"偶然"给我的印象中，搜寻出一些属于生活习惯上的缺点，用作保护我性情上的弱点。

……生活在一种不易想象的社会中，日子过得充满脂粉气。这种脂粉气既成为生活一部分，积久也就会成为生命中不可少的一部分。一切不外乎装饰，只重在增加对人的效果，毫无自发的较深较远的理想。性情上的温雅，和文学爱好，也可说是足为装饰之一。脂粉气邻于庸俗，知识也不免邻于虚伪。一切不外乎时髦，然而时髦得多浅多俗气！……

我于是觉得安全了。倘若没有别的时间下偶然发生的事情，我应当说实在是十分安全的。因为我所体会到的"偶然"生活性情上的缺点，一直都还保护到我，任何情形下尚有作用。不过保护得我更周到的，也许还是另外一种事实，即一种幸福的婚姻，或幸福婚姻的幻影，我正准备去接受它，证实它。这也可说是种偶然，为的是由于两年前在海上拾来那点螺蚌，无意中寄到南方时所得的结果。然而关于这件事，我却认为是意志和理性做成的。恰恰如我一切用笔写成的故事，内容虽近于传奇，由我个人看来，却产生于一种计划中。

时间流过去了，带来了梅花、丁香、芍药和玉兰，一切北方色香悦人的花朵，在冰冻渐渐融解风光中逐次开放。另外一种温柔的幻影已成为实际生活。一个小小院落中，一株槐树和一株枣树，遮蔽了半个院子，从细碎树叶间筛下细碎的明净秋阳日影，铺在砖地，映照在素净纸窗间，给我对于生命或生活一种新的经验和启示。一切似乎都安排对了。我心想："我要的，已经得到了。名誉或认可，友谊和爱情，全部到了我的身边。我从社会和别人证实了存在的意义。可是不成，我似乎还有另外一种幻想，即从个人工作上证实个人希望所能达到的传奇。我准备创造一点纯粹的诗，与生活不相黏附的诗。情感上积压下来的一点东西，家庭生活并不能完全中和它消耗它，我需要一点传奇，一种出于不巧的痛苦经验，一分从我'过去'负责所必然发生的悲剧。换言之，即完美爱情生活并不能调整我的生命，还要用一种温柔的笔调来写爱情，写那种和我目前生活完全相反，然而与我过去情感又十分相近的牧歌，方可望使生命得到平衡。"

因此每天大清早，就在院落中一个红木八条腿小小方桌上，放下一叠白纸，一面让细碎阳光洒在纸上，一面将我某种受压抑的梦写在纸上。故事中的人物，一面从一年前在青岛崂山北九水旁见到的一个乡村女子，取得生活的必然，一面就用身边新妇作范本，取得性格上的素朴式样。一切充满了善，然而到处是不凑巧。既然是不凑巧，因之素朴的善终难免产生悲剧。故事中充满五月中的斜风细雨，以及那点六月中夏雨欲来时闷人的热，和闷热中的寂寞。这一切其所以能转移到纸上，倒可说全是从两年来海上阳光得来的能力。这一来，我的过去痛苦的挣扎，受压抑无可安排的乡下人对于爱情的憧憬，在这个不幸故事上，才得到了排泄与弥补。

一面写一面总仿佛有个生活上陌生、情感上相当熟习的声音在招呼我：

"你这是在逃避一种命定。其实一切努力全是枉然。你的一支笔虽能把你带向'过去'，不过是用故事抒情作诗罢了。真正在等待你的却是'未来'。你敢不敢向更深处想一想，笔下如此温柔的原因？你敢不敢仔仔细细认识一下你自己，是不是个能够在小小得失悲欢上满足的人？"

"我用不着做这种分析和研究。我目前的生活很幸福，这就够了。"

"你以为你很幸福，为的是你尊重过去，当前是照你过去理性或计划安排成功的。但你何尝真正能够在自足中得到幸福？或用他人缺点保护，或用自己的幸福幻影保护，二而一，都可作为你害怕'偶然'浸入生命中时所能发生的变故。因为'偶然'能破坏你幸福的幻影。你怕事实，所以自觉宜于用笔捕捉抽象。"

"我怕事实？"

"是的，你害怕明天的事实。或者说你厌恶一切事实，因之极力想法贴近过去，有时并且不能不贴近那个抽象的过去，使它成为你稳定生命的碇石。"

我好像被说中了，无从继续申辩。我希望从别的事情上找寻我那点业已失去的自信，或支持自信的观念；没有得到，却得到许多容易破碎的古陶旧瓷。由于耐心和爱好换来的经验，使我从一些盘盘碗碗形体和花纹上，认识了这些艺术品的性格和美术上特点，都恰恰如一个中年人自各样人事关系上所得的经验一般。久而久之，对于清代瓷器中的盘碗，我几乎用手指去摸抚它的底足边缘，就可判断作品的相对年代了。然而这一切却只能增加我耳边另外一种声音的调讽。

"你打量用这些容易破碎的东西稳定平衡你奔放的生命,到头还是毫无结果。这消磨不了你三十年积压的幻想。你只有一件事情可作,即从一种更直接有效的方式上,发现你自己,也发现人。什么地方有些年轻温柔的心在等待你,收容你的幻想,这个你明明白白。为的是你怕事,你于是名字叫做好人。"声音既来自近处,又像来自远方,却十分明白的存在,不易消失。

试去搜寻从我生活上经过的人事时,才发现这个那个"偶然"都好像在控制我支配我。因此重新在所有"偶然"给我的印象上,找出每个"偶然"的缺点,保护到我自己的弱点。只因为这些声音从各方面传来,且从不同时间不同地点传来。

我的新书《边城》出了版。这本小书在读者间得到些赞美,在朋友间还得到些极难得的鼓励。可是没有一个人知道我是在什么情绪下写成这个作品,也不大明白我写它的意义。即以极细心朋友刘西渭先生批评说来,就完全得不到我何如用这个故事填补我过去生命中一点哀乐的原因。唯其如此,这个作品在我抽象感觉上,我却得到一种近乎严厉讥刺的责备。

"这是一个胆小而知足且善逃避现实者最大的成就。将热情注入故事中,使他人得到满足,而自己得到安全,并从一种友谊的回声中证实生命的意义。可是生命真正意义是什么?是节制还是奔放?是矜持还是疯狂?是一个故事还是一种事实?"

"这不是我要回答的问题,他人也不能强迫我答复。"

不过这件事在我生命中究竟已经成为一个问题。庭院中枣子成熟时,眼看到缀系在细枝间被太阳晒得透红的小小果实,心中不免有一丝儿对时序的悲伤。一切生命都有个秋天,来到我身边却是那个"秋天的感觉"。这种感觉可以使一个浪子缩手皈心,也可以使一个君子糊涂堕落,为的是衰落预感刺激了他,或恼怒了他。

天气渐冷,我已不能再在院中阳光下写什么,且似乎也并无什么故事可写。心手两闲的结果,使我起始坠入故事里乡下女孩子那种纷乱情感中。我需要什么?不大明白,又正像不敢去思索明白。总之情感在生命中已抬了头。这比我真正去接近某个"偶然"时还觉得害怕。因为它虽不至于损害人,事实上却必然会破坏我——我的工作理想和一点自信心,都必然将如此而毁去。最不妥当处是我还有些预定的计划,这类事与我"性情"虽不甚相合,对我"生活"却近于必需。情感若抬了头,一群"偶然"听其自由浸入我生命中,就什么都完事了。

当时若能写个长篇小说,照《边城题记》中所说来写崩溃了的乡村一切,来消耗它,归纳它,也许此后可以去掉许多困难。但这种题目和我当时心境都不相合。我只重新逃避到字帖赏玩中去。我想把写字当成一束草,一片破碎的船板,俨然用它为我下沉时有所准备。我要和生命中一种无固定性的势能继续挣扎,尽可能去努力转移自己到一种无碍于人我的生活方式上去。

不过我虽能将生命逃避到艺术中,可无从离开那个环境。环境中到处是年轻生命,到处是"偶然"。也许有些是相互逃避到某种问题中,有些又相互逃避到礼貌中,更有些说不定还近于"挹彼注此"的情形,因之各人都可得到一种安全感或安全事实。可是这对于我,自然是不大相宜的。我的需要在压抑中,更容易见出它的不自然处。岁暮年末时，因之"偶然"中之某一个，重新有机会给了我一点更离奇印象。依然那么脆弱而羞怯，用少量言语多量微笑或沉默来装饰我们的晤面。其时白日的阳光虽极稀薄，寒风冻结了空气，可是房中炉火照例极其温暖，火炉边柔和灯光中，是能生长一切的，尤其是那个名为"感情"或"爱情"的东西。

可是为防止附于这个名词的纠纷性和是非性，我们却把它叫作"友谊"。总之，"偶然"之一和我的友谊越来越不同了。一年以来努力地退避，在十分钟内即证明等于精力白费。"偶然"的缺点依旧尚留在我印象中，而且更加确定，然而却不能保护我什么了。其他"偶然"的长处，也不能保护我什么了。

我于是逐渐进入到一个激烈战争中，即理性和情感的取舍。但事极显明，就中那个理性的我终于败北了。当我第一次给了"偶然"一种败北以后的说明时，一定使"偶然"惊喜交集，且不知如何来应付这种新的问题。因为这件事若出于另一"偶然"，则准备已久，恐不过是"我早知如此"轻轻地回答，接着也不过是由此必然而来的一些给和予。然而这事情却临到一个无经验无准备的"偶然"手中，在她的年龄和生活上，是都无从处理这个难题，更毫无准备应付这种问题的技术。因此当她感觉到我的命运是在她手中时，不免茫然失措。

我呢，俨然是在用人教育我。我知道这恰是我生命的两面，用之于编排故事，见出被压抑热情的美丽处，用之于处理人事，即不免见出性情上的弱点，不特苦恼自己也苦恼人。

我真业已放弃了一切可由常识来应付的种种，一任自己沉陷到一种情感漩涡里去。十年后温习到这种"过去"时，我恰恰如在读一本属于病理学的书籍，这本书名应当题作《情感发炎及其治疗》，作者是一个疯子同时又是一个诗人。书中毫无故事，唯有近乎抽象的印象拼合。到客厅中红梅与白梅全已谢落时，"偶然"的微笑已成为苦笑。因为明白这事得有个终结，就装作为了友谊的完美和个人理想的实证，带着一点悲伤，一种出于勉强的充满痛苦的笑，好像说，"我得到的已够多了"，就到别一地方去了。走时的神气，和事前心情上的纷乱，竟与她在某一时写的一个故事完全相同。不同处只是所要去的方向而已。

我于是重新得到了稳定，且得到用笔的机会。可是我不再写什么传奇故事了，因为生活本身即为一种动人的传奇。我读过一大堆书，再无什么故事比我情感上的哀乐得失经验更离奇动人。我读过许多故事，好些故事到末后，都结束到"死亡"和一个"走"字上，我却估想这不是我这个故事的结局。

第二个"偶然"因为在我生命中用另外一种形式存在，我读了另外一本书。这本书正如出于一个极端谨慎的作者，中间从无一个不端重的句子，从无一段使他人读来受刺激的描写，而且从无离奇的变故与纠纷，然而且真是一种传奇。为的是在这故事背后，保留了一切故事所必需的回目，书中每一章每一节都是对话，与前一个故事微笑继续沉默完全相反。

故事中无休止的对话与独白，却为的是沉默即会将故事组织完全破坏而起，从独白中更可见出"偶然"生命取予的形式。因为预防，相互都明白一沉默即将思索，一思索即将究寻名词，一究寻名词即可能将"友谊"和"爱情"分别其意义。这一来，情形即发生变化，不窘人将不免自窘。因此这故事就由对话起始,由独白结束。书中人物俨然是在一种战争中维持了十年友谊。形式上都得了胜利,事实上也可说都完全败北。因为装饰过去的生命,本容许有一点妩媚和爱骄,以及少许有节制的疯狂,故事中却用对话独白代替了。

第三个"偶然"浸入我生命中时,初初即给我一种印象,是上海成衣匠和理发匠等等在一个年轻肉体上所表现的优美技巧。我觉得这种技巧只合给第二等人增加一点风情上的效果,对于"偶然"实不必要。因此我在沉默中为除去了这些人为的技巧,看出自然所给予一个年轻肉体完美处和精细处。最奇异的是这里并没有情欲,竟可说毫无情欲,只有艺术。我所处的地位完全是一个艺术鉴赏家的地位。

我理会的只是一种生命的形式,以及一种自然道德的形式。没有冲突,超越得失,我从一个人的肉体认识了神与美,且即此为止,我并不曾用其他方式破坏这种神与美的印象。正可说是一本完全图画的传奇,就中无一个文字。唯其如此,这个传奇也庄严到使我不能用文字来叙述。唯一可重现人我这种崇高美丽情感应当是音乐。但是一个轻微的叹息,一种目光的凝注,一点混合爱与怨的退避,或感谢与崇拜的轻微接近,一种象征道德极致的素朴,一种表示惊讶的呆,音乐到此亦不免完全失去了意义。这个传奇是……我在用人教育我,俨然陆续读了些不同体裁的传奇。这点机会,大多数却又是我先前所写的一堆故事为证明,我是诚实而细心,且奇特的能辨别人生理解人心,更知道庄严和粗俗的细微分量界限,不至于错用或滥用,因此能翻阅这些奇书。

不过度量这一切,自然用的是我从乡下随身带来的尺和秤。若由一般社会所习惯的权衡来度量我的弱点和我的坦白，则我存在的意义存在的价值早已失去了。因为我也许在"偶然"中翻阅了些不应道及的篇章。

然而正因为弱点和坦白共同在性格或人格上表现，如此单纯而明朗，使我在婚姻上见出了奇迹。在连续而来的挫折中，做主妇的始终能保留那个幸福的幻影，而且还从其他方式上去证实它。这种事由别人看来为不可解，恰恰如我为这个问题写的一个短篇所描写到的情形，"当两人在熟人面前被人称为'佳偶'时，就用微笑表示'也像冤家'；又或在熟人神气间被目为'冤家'时，仍用微笑表示'实是佳偶'"，由自己说来，也极自然。只因为理解到"长处"和"弱点"原是生命使用方式上的不同，情形必然就会如此。一切基于理解。我是个云雀，经常向碧空飞得很高很远，到一定程度，终于还是直向下坠，归还旧窠。

再过了四年，战争把世界地图和人类历史全改变了过来，同时从极小处，也重造了的人与人的关系，以及这个人在那个人心上的位置。

一个聪明善感的女孩子，年纪大了点时，自然都乐意得到一个朋友的信托，更乐意从一个朋友得到一点有分际的、混合忧郁和热忱所表示的轻微疯狂，用作当前剩余青春的点缀，以及明日青春消逝温习的凭证。如果过去一时，还保留一些美好印象，印象的重叠，使人在取予上自然都不能不变更一种方式，见出在某些事情上的宽容为必然，在某种事情上的禁忌为不必要，无形中都放弃了过去一时的那点警惧心和防卫心。因此虹和星都若在望中，我俨然可以任意去伸手摘取。可是我所注意摘取的，应当说，却是自己生命追求抽象原则的一种形式。我只希望如何来保留这种热忱到文字中。对于爱情或友谊本身,已不至于如何惊心动魄来接近它了。

我懂得"人"多了一些,懂得自己也多了些。在"偶然"之一过去所以自处的"安全"方式上,我发现了节制的美丽。在另外一个"偶然"目前所以自见的"忘我"方式上,我又发现了忠诚的美丽。在第三个"偶然"所希望于未来"谨慎"方式上,我还发现了谦退中包含勇气与明智的美丽。……生命取舍的多方,因之使我不免有点"老去方知读书少"的自觉。我还需要学习,从更多陌生的书以及少数熟习的人学习点"人生"。

因此一来,"我"就重新又成为一个毫无意义的字言,因为很快即完全消失到一些"偶然"的颦笑中和这类颦笑取舍中了。

失去了"我"后却认识了"神",以及神的庄严。墙壁上一方黄色阳光,庭院里一点花草,蓝天中一粒星子,人人都有机会见到的事事物物,多用平常感情去接近它。对于我,却因为和"偶然"某一时的生命同时嵌入我记忆中印象中,它们的光辉和色泽,就都若有了神性,成为一种神迹了。不仅这些与"偶然"间一时浸入我生命中的东西,含有一种神性,即对于一切自然景物,到我单独默会它们本身的存在和宇宙微妙关系时,也无一不感觉到生命的庄严。一种由生物的美与爱有所启示,在沉静中生长的宗教情绪,无可归纳,我因之一部分生命,竟完全消失在对于一切自然的皈依中。

这种简单的情感,很可能是一切生物在生命和谐时所同具的,且必然是比较高级生物所不能少的。然而人若保有这种情感时,却产生了伟大的宗教,或一切形式精美而情感深致的艺术品。对于我呢,我什么也不写，亦不说。我的一切官能都似乎在一种崭新教育中，经验了些极纤细微妙的感觉。

我用这种"从深处认识"的情感来写故事，因之产生了《长河》，这个作品的被扣留无从出版，不是偶然了。因为从普通要求说来，对战事描写，是不必要如此向深处掘发的。

我住在一个乡下，因为某种工作，得常常离开了一切人，单独从个宽约七里的田坪通过。若跟随引水道曲折走去，可见到长年活鲜鲜的潺潺流水中，有无数小鱼小虫，随流追逐，悠然自得，各有其生命之理。平流处多生长了一簇簇野生慈姑，箭头形叶片虽比田中生长的较小，开的小白花却很有生气。花朵如水仙，白瓣黄蕊，成一小串，从中心挺起。路旁尚有一丛丛刺蓟科野草，开放翠蓝色小花，比毋忘我草形体尚清雅脱俗，使人眼目明爽，如对无云碧穹。花谢后却结成无数小小刺球果子，便于借重野兽和家犬携带到另一处繁殖。若从其他几条较小路上走去，蚕豆和麦田中，照例到处生长浅紫色樱草，花朵细碎而妩媚，还带上许多白粉。采摘来时不过半小时即枯萎，正因为生命如此美丽脆弱，更令人感觉生物中求生存与繁殖的神性。

在那两旁铺满彩色绚丽花朵细小的田塍上，且随时可看到成对的羽毛黑白分明异常清洁的鹡鸰，见人时微带惊诧，一面飞起一面摇颠着小小长尾，在豆麦田中一起一伏，似乎充满了生命的悦乐。还有那个顶戴大绒冠的戴胜鸟，披负一身杂毛，一对小眼睛骨碌碌地对人痴看，直到来人近身时，方微带匆促展翅飞去。

本地秧田照习惯不作他用。除三月时育秧，此外长年都浸在一片浅水里，另外几方小田种上慈姑莲藕的，也常是一片水。不问晴雨这种田中照例有三两只缩肩秃尾白鹭鸶，清癯而寂寞，在泥沼中有所等待，有所寻觅。又有种鸥形水鸟，在田中走动时，肩背毛羽全是一片美丽桃灰色，光滑而带丝网光泽，有时数百成群在空中翻飞游戏，因翅翼下各有一片白，便如一阵光明的星点，在蓝穹下动荡。

小村子有一道流水穿过，水面人家土壤边，都用带刺木香花作篱笆，带雨含露成簇成串的小白花，常低垂到人头上，得一面撩拨方能通过。树下小河沟中，常有小孩子捉鳅拾蚌，或精赤身子相互浇水取乐。村子中老妇人坐在满是土蜂巢的向阳土墙边取暖，屋角隅可听到有人用大石杵缓缓地捣米声，景物人事相对照，恰成一稀奇动人景象。过小村落后又是一片平田，菜花开时，眼中一片黄，鼻底一片香。土路不十分宽，驮麦粉的小马和驮烧酒的小马，与迎面来人擦身而过时，赶马押运货物的，却远远地在马后喊"让马"，从不在马前牵马让人。因此行人必照规矩下到田塍上去，等待马走过时再上路。菜花一片黄的平田中，还可见到整齐成行的细枯胡麻，竟像是完全为装饰用，一行一行栽在中间，在瘦小脆弱的本端，开放一朵朵翠蓝色小花，花头略略向下低垂，张着小嘴如铃兰样子，风姿娟秀而明媚，在阳光下如同向小蜂小虫微笑，"来，吻我，这里有蜜！……"

眼目所及都若有神迹在其间，且从这一切都可发现有"偶然"的友谊的笑语和爱情芬芳。

在另一方面，人事上自然也就生长了些看不见的轻微的妒忌，无端的忧虑，有意的间隔，和那种无边无际累人而又闷人的白日梦。尤其是一点眼泪，来自爱怨交缚的一方，一点传说，来自得失未明的一方，就在这种人与人，"偶然"与"偶然"的取舍分际上，我似乎重新接受了一种人生教育。矢来有向或矢来无向，我却一例听之直中所欲中心上某点，不逃避，不掩护。我处在一种极端矛盾情形中，然而到用自己那个尺寸来衡量时，却感觉生命实复杂而庄严。尤其是从一个"偶然"的眩目景象中离开，走到平静自然下见到一切时，生命的庄严有时竟完全如一个极虔诚的教徒。谁也想象不到我生命是在一种什么形式下燃烧。即以这个那个"偶然"而言，所知道的似乎就只是一些片段，不完全的一体。

我写了无数篇章，叙述我的感觉或印象，结果却不曾留下。正因为各种试验，都证明它无从用文字保存。或只合保存在生命中，且即同一回事，在人我生命中，意义上也完全不同。

我那点只用自己尺寸度量人事得失的方式，不可免要反映到对"偶然"的缺点辨别上。这种细微感觉在普通人我关系上决体会不到，在比较特殊的一种情形上，便自然会发生变化。恰如甲状腺在水中的情形，分量即或极端稀少，依然可以测出。在这个问题上，我明白我泛神的思想，即曾经损害到这个或那个"偶然"的幽微感觉是种什么情形。我明知语言行为都无补于事实，便用沉默应付了一些困难，尤其是应付轻微的妒忌，以及伴同那个人类弱点而来的一点埋怨，一点责难，一点不必要的设计。

我全当作"自然"。我自觉已尽了一个朋友所能尽的力，来在友谊上用最纤细感觉接受纤细反应。而且在诚实外还那么谨慎小心，从不曾将"乡下人"的方式，派给一个城中朋友，一切有分际的限制，即所以保护到情感上的安全。然而问题也许就正在此。"你口口声声说是一个乡下人，却从不用乡下人的坦白来说明友谊，却装作绅士。

然而在另外一方面，你可能又完全如一个乡下人。"我就用沉默将这种询问所应有的回声，逼回到"偶然"耳中去。于是"偶然"走了。

其次是正在把生活上的缺点从习惯中扩大的"偶然"，当这种缺点反映到我感觉上时，她一面即意识到在过去一时某些稍稍过分行为中，失去了些骄傲，无从收回，一面即经验到必须从另外一种信托上，方能取回那点自尊心，或更换一个生活方式，方可望产生一点自信心。正因为热情是一种教育，既能使人疯狂糊涂，也能使人明彻深思。热情使我对于"偶然"感到惊讶，无物不"神"，却使"偶然"明白自己只是一个"人"，乐意从人的生活上实现个人的理想与个人的梦。到"偶然"思索及一个人的应得种种名分与事实时，当然有了痛苦。

因为发觉自己所得到虽近于生命中极纯粹的诗，然而个人所期待所需要的还只是一种具体生活。纯粹的诗虽能做一个女人青春的装饰，华美而又有光辉，然而并不能够稳定生命，满足生命。再经过一些时间的澄滤，便得到如下的结论："若想在他人生命中保有'神'的势力，即得牺牲自己一切'人'的理想。若希望证实'人'的理想，即必须放弃当前唯'神'方能得到的一切。热情能给人兴奋，也给人一种无可形容的疲倦。尤其是在'纯粹的诗'和'活鲜鲜的人'愿望取舍上，更加累人。"

"偶然"就如数年前一样，用着无可奈何的微笑，掩盖到心中受伤处，离开了我。临走时一句话不说。我却从她沉默中，听到一种申诉："我想去想来，我终究是个人，并非神，所以我走了。若以为这是我一点私心，这种猜测也不算错误。因为我还有我做人的希望。并且我明白离开你后，在你生命中保有的印象。那么下去，不说别的，即这种印象在习惯上逐渐毁灭，对于我也受不了。若不走，留到这里算是什么？在时间交替中我能得到些什么？我不能尽用诗歌生存下去，恰恰如你说的不能用好空气和好风景活下去一样。我是个并不十分聪明的女人，这也许正是使我把一首抒情诗当作散文去读的真正原因。我的行为并不求你原谅，因为给予的和得到的已够多，不需用这种泛泛名词来自解了。说真话，这一走，这个结论对于你也不十分坏！有个幸福的家庭，有一个——应当说有许多的'偶然'，都在你过去生活中保留一些印象。你得到所能得到的，也给予所能给予的。尤其是在给予一切后，你反而更丰富更充实的存在。"

于是"偶然"留下一排插在发上的玉簪花，摇摇头，轻轻地开了门，当真就走去了。其时天落了点微雨，雨后有彩虹在天际。

我并不如一般故事上所说的身心崩毁，反而变得非常沉静。因为失去了"偶然"，我即得回了理性。我向虹起处方向走去，到了一个小小山头上。过一会儿，残虹消失到虚无里去了，只剩余一片在变化中的云影。那条素色的虹霓，若干年来在我心上的形式，重新明明朗朗在我眼前现出。我不由得不为"人"的弱点和对于这种弱点挣扎的努力，感到一点痛苦。

"'偶然'，你们全走了，很好。或为了你们的自觉，或为了你们的弱点，又或不过是为了生活上的习惯，既以为一走即可得到一种解放，一些新生的机缘，且可从另外人事上收回一点过去一时在我面前快乐行为中损失的尊严和骄傲，尤其是生命的平衡感和安全感的获得，在你认为必需时，不拘用什么方式走出我生命以外，我觉得都是必然的。

可是时间带走了一切,也带走了生命中最光辉的青春,和附于青春而存在的羞怯的笑,优雅的礼貌,微带矜持的应付,极敏感的情分取予,以及那个肉体的完整形式,华美色泽和无比芳香。消失的即完全消失到不可知的'过去'里了。然而却有一个朋友能在印象中保留它,能在文字中重现它,……你如想寻觅失去的生命,是只有从这两方面得到,此外别无方法。你也许以为失去了我,即可望得到'明天',但不知生命真正失去了我时,失去了'昨天',活下来对于你是种多大的损失!"

自从"偶然"离开了我后,云南就只有云可看了。黄昏薄暮时节,天上照例有一抹黑云,那种黑而秀的光景,不免使我想起过去海上的白帆和草地上的黄花,想起种种虹影和淡白星光,想起灯光下的沉默继续沉默,想起墙壁上慢慢地移动那一方斜阳,想起瓦沟中的绿苔和细雨,微风中轻轻摇头的狗尾草,……想起一堆希望和一点疯狂,终于如何又变成一片蓝色的火焰,一撮白灰。这一切如何教育我认识生命最离奇的遇合与最高的意义。

当前在云影中恰恰如过去在海岸边,我获得了我的单独。那个失去了十年的理性,回到我身边来了。

"你这个对政治无信仰对生命极关心的乡下人,来到城市中'用人教育我',所得经验已经差不多了。你比十年前稳定得多也进步得多了。正好准备你的事业,即用一支笔来好好地保留最后一个浪漫派在二十世纪生命取予的形式,也结束了这个时代这种情感发炎的症候。你知道你的长处,即如何好好地善用长处。成功或胜利在等待你,嘲笑和失败也在等待你;但这两件事对于你都无多大关系。你只要想到你要处理的也是一种历史,属于受时代带走行将消灭的一种人我关系的历史,你就不至于迟疑了。"

"成功与幸福,不是智士的目的,就是俗人的期望,这与我全不相干。真正等待我的只有死亡。在死亡来临以前,我也许还可以作点小事,即保留这些'偶然'浸入一个乡下人生命中所具有的情感冲突与和谐程序。我还得在'神'之解体的时代,重新给神做一种赞颂。在充满古典庄严与雅致的诗歌失去光辉和意义时,来谨谨慎慎写最后一首抒情诗。我的妄想在生活中就见得与社会隔阂,在写作上自然更容易与社会需要脱节。

"不过我还年轻,世故虽能给我安全和幸福,一时还似乎不必来到我身边。我已承认你十年前的意见,即将一切交给'偶然'和'情感'为得计。我好像还要受另外一种'偶然'所控制,接近她时,我能从她的微笑和皱眉中发现神;离开她时,又能从一切自然形式色泽中发现她。这也许正如你所说,因为我是个对一切无信仰的人,却只信仰'生命'。这应当是我一生的弱点,但想想附于这个弱点下的坦白与诚实,以及对于人性细致感觉理解的深致,我知道,你是第一个就首先对于我这个弱点加以宽容了。我还需要回到海边去,回到'过去'那个海边。至于别人呢,我知道她需要的倒应当是一个'抽象'的海边。两个海边景物的明丽处相差不多,不同处其一或是一颗孤独的心的归宿处,其一却是热情与梦结合而为一使'偶然'由'神'变'人'的家。……"

"唉,我的浮士德,你说得很美,或许也说得很对。你还年轻,至少当你被这种黯黄黄灯光所诱惑时,就显得相当年轻。我还相信这个广大的世界，尚有许多形体、颜色、声音、气味，都可以刺激你过分灵敏的官觉，使你变得真正十分年轻。不过这是不中用的。因为时代过去了。在过去时代能激你发狂引你入梦的生物，都在时间漂流中消失了匀称与丰腴，典雅与清芬。能教育你的正是从过去时代培植成功的典型。时间在成毁一切，都行将消灭了。

"代替而来的将是无计划无选择随同海上时髦和政治需要繁殖的一种简单范本。在这个新的时代进展中，你是个不必要的人物了。在这个时代中，你的心即或还强健而坚韧，也只合为'过去'而跳跃，不宜于用在当前景象上了。你需要休息休息了，因为在这个问题上徘徊实在太累。你还有许多事情可作，纵不乐成也得守常。有些责任，即与他人或人类幸福相关的责任。你读过那本题名《情感发炎及其治疗》的奇书，还值得写成这样一本书。且不说别的，即你这种文字的格式，这种处理感觉和思想的方法，也行将成为过去，和当前体例不合了！"

"是不是说我老了？"

没有得到任何回答。

天气冷了些，桌前清油灯加了个灯头，两个灯头燃起两朵青色小小火焰，好像还不够亮。灯光总是不大稳定，正如一张发抖的嘴唇，代替过去生命吻在桌前一张白纸上。十年前写《边城》时，从槐树和枣树枝叶间滤过的阳光如何照在白纸上，恍惚如在目前。灯光照及油瓶、茶杯、银表、书脊和桌面遗留的一小滴油时，曲度相当处都微微返着一点光。我心上也依稀返着一点光影，照着过去，又像是为过去所照彻。小房中显得宽阔，光影照不及处全是一片黑暗。

我应当在这一张白纸上写点什么？一个月来因为写"人"，作品已第三回被扣，证明我对于大事的寻思，文字体例显然当真已与时代不大相合。因此试向"时间"追究，就见到那个过去。然而有些事，已多少有点不同了。

"时间带走了一切，天上的虹或人间的梦，或失去了颜色，或改变了式样。即或你自以为有许多事尚好好保留在心上，可是，那个时间在你不大注意时，却把你的心变硬了，变钝了，变得连你自己也不大认识自己了。时间在改造一切，星宿的运行，昆虫的触角，你和人，同样都在时间下失去了固有的位置和形体。尤其是美，不能在风光中静止。人生可悯。"

"温习过去，变硬了的心也会柔软的！到处地方都有个秋风吹上人心的时候，有个灯光不大明亮的时候，有个想向'过去'伸手，若有所攀缘，希望因此得到一点助力，方能够生活得下去时候。"

"这就更加可悯！因为印象的温习，会追究到生活之为物，不过是一种连续的负心。凡事无不说明忘掉比记住好。'过去'分量若太重，心子是载不住它的。忘不掉也得勉强。这也正是一种战争！败北且是必然的结果。"

是的，这的确也是一种战争。我始终对面前那两个小小青色火焰望着。灯头不知何时开了花，"在火焰中开放的花，油尽灯熄时，才会谢落的。"

"你比拟得好。可是人不能在美丽比喻中生活下去。热情本身并不是象征，它燃烧了自己生命时，即可能燃烧别人的生命。到这种情形下，只有一件事情可做，即听它燃烧，从相互燃烧中有更新生命产生（或为一个孩子，或为一个作品）。那个更新生命方是象征热情。

人若思索到这一点，为这一点而痛苦，痛苦在超过忍受能力时，自然就会用手去剔剔你所谓要在油尽灯熄时方谢落的灯花。那么一来，灯花就被剔落了。多少人即如此战胜了自己的弱点，虽各在撤退中救出了自己，也正可见出爱情上的勇气和决心。因为不是件容易事，虽损失够多，作成功后还将感谢上帝赐给他的那点勇气和决心。"

"不过，也许在另外一时，还应当感谢上帝给了另外一个人的弱点，即你灯光引带他向过去的弱点。因为在这种弱点上，生命即重新得到了意义。"

"既然自己承认是弱点，你自己到某一时也会把灯花剔落的。"

我当真就把灯花剔落了。重新添了两个灯头，灯光立刻亮了许多。我要试试看能否有四朵灯花在深夜中同时开放。

一切都沉默了，只远处有风吹树枝，声音轻而柔。

油慢慢地燃尽时，我手足都如结了冰，还没有离开桌边。灯光虽渐渐变弱，还可以照我走向过去，并辨识路上所有和所遭遇的一切。情感似乎重新抬了头，我当真变得好像很年轻，不过我知道，这只是那个过去发炎的反应，不久就会平复的。

屋角风声渐大时，我担心院中那株在小阳春十月中开放的杏花，会被冷风冻坏。"我关心的是一株杏花还是几个人？是几个在过去生命中发生影响的人，还是另外更多数未来的生存方式？"等待回答，没有回答。

原载《水云集》
原题为"水云——我怎么创造故事，故事怎么创造我"

附

西南联大国文课选读

文艺与道德

朱光潜

文艺能产生怎样的道德的影响呢？

第一，就个人说，艺术是人性中一种最原始、最普遍、最自然的需要。人类在野居穴处时代便已有图画诗歌，儿童在刚离襁褓时便做带有艺术性的游戏。嗜美是一种精神上的饥渴，它和口腹的饥渴至少有同样的要求满足权。美的嗜好满足，犹如真和善的要求得到满足一样，人性中的一部分便有自由伸展的可能性。汩丧天性，无论是在真、善或美的方面，都是一种损耗，一种残废。从前人论文艺的功能，不是说它在教训，就是说它在娱乐，都是为接受艺术者着想，没有顾到作者自己。其实文艺有既不在给人教训又不在供人娱乐的，作者自己的"表现"的需要有时比任何其他目的更重要。情感抑郁在心里不得发泄，近代心理学告诉过我们，最容易酿成性格的乖僻和精神的失常。文艺是解放情感的工具，就是维持心理健康的一种良剂。古代人说："为道德而艺术"，近代人说："为艺术而艺术"，英国小说家劳伦斯说："为我自己而艺术（art for my own sake）。"真正的大艺术家大概都是赞同劳伦斯的。

艺术虽是"为我自己"，伦理学家却不应轻视它在道德上的价值。人比其他动物高尚，就是在饮食男女之外，还有较高尚的营求，艺术就是其中之一。"生命"其实就是"活动"。活动愈自由，生命也就愈有意义，愈有价值。实用的活动全是有所为而为，受环境需要的限制；艺术的活动全是无所为而为，是环境不需要人活动而人自己高兴去活动。在有所为而为时，人是环境需要的奴隶；在无所为而为时，人是自己心灵的主宰。我们如果研究伦理思想史，就可以知道柏拉图、亚里士多德和中世纪基督教大师们，就学说派别论，彼此相差很远，但是谈到"最高的善"，都以为它是"无所为而为的观赏"（disinterested contemplation）。这样看，美不仅是一种善，而且是"最高的善"了。

第二，就社会说（读者在内），艺术的功用，像托尔斯泰所说的，在传染情感，打破人与人的界限。我们一般人都囿在习惯所划定的狭小世界里，对于此外的世界都是痴聋盲哑，视而不见，听而不闻，食而不知其味。艺术家比较常人优胜，就在他们的情感比较真挚，感觉比较锐敏，观察比较深刻，想象比较丰富。他们不但能见到比较广大的世界，而且引导我们一般人到较广大的世界里去观赏。像一位英国学者所说的,艺术家"借他们的眼睛给我们去看"(lend their eyes for us to see)。希腊悲剧家和莎士比亚使我们学会在悲惨世界中见出灿烂华严,阿里斯托芬和莫里哀使我们学会在人生乖讹中见出谑浪笑傲,荷兰画家们使我们学会在平凡丑陋中见出情趣深永的世界。在拜伦(Byron)以前,欧洲游人没有赞美过威尼斯;在透纳(Turner)以前,英国人没有注意到泰晤士河上有雾。没有谢灵运、陶潜、王维一班诗人,我们何曾知道自然中有许多妙境?没有普鲁斯特(Proust)、劳伦斯一班小说家,我们何曾知道人心有许多曲折?艺术是启发人生自然秘奥的灵钥,在"山重水复疑无路"时,它指出"柳暗花明又一村"。

这种启发对于道德有什么影响呢?它伸展同情,扩充想象,增加对于人情物理的深广真切的认识。这三件事是一切真正道德的基础。从历史看,许多道德信条到缺乏这种基础时,便为浅见和武断所把持,变为狭隘、虚伪、酷毒的桎梏,它的目的原来说是在维护道德,而结果适得其反,儒家的礼教,基督教的苦行主义,日本的武士道,都可以为证。雪莱在《诗的辩护》中说得最好:

> 道德的大原在仁爱,在脱离小我,与非我所有的思想行为和身体的美妙点相同一。一个人如果要真是一个大好人,必须能深刻地广阔地想象;他必须能设身处地一个别人或许多别人的地位,人类的忧喜苦乐须变成他的忧喜苦乐。达到道德上的善,顶大的津梁就是想象;诗从这种根本地方下手,所以能发生道德的影响。

总之，道德是应付人生的方法，这种方法合适不合适，自然要看对于人生了解的程度何如。没有其他东西比文艺能给我们更深广的人生观照和了解，所以没有其他东西比文艺能帮助我们建设更完善的道德的基础。苏格拉底的那句老话是多么简单，多么惹人怀疑，同时，它又是多么深永而真确！

"知识就是德行！"

节选自《文艺心理学》
原题为"文艺与道德（二）：理论的建设"

自然美与自然丑

朱光潜

一

在日常语言中"美""丑"两个字用来形容自然和用来形容艺术，简直没有分别。其实，"自然美"和"自然丑"与"艺术美"和"艺术丑"应该分开来说。这种看法虽然与常识相冲突，但是要真正了解美的本质，我们必须把艺术的美丑和自然的美丑分清。

"自然"（nature）的意义本来很混。假古典派学者以为自然就是"真理"或"人性"，蒲柏（Pope）说，"研究古人就是研究自然"，因为古人在他们的作品中已经把真理和人性表现得透辟无余了。现在一般人把"自然"看成与"人"相对的，人以外的事物，如大地星辰、山川草木、鸟兽鱼虫之类，统称为"自然"。有时"自然"与"人为"

相对，人也归在"自然"里，人工造作的就不是"自然"。但是这种意义也不十分精当，一片自然风景里也可以包括城郭楼台在内。我们现在姑且用一个最概括的意义，说自然就是现实世界，凡是感官所接触的实在的人和物都属于自然。

从来学者对于自然的态度可略分为两种，"自然主义"（naturalism）和"理想主义"（idealism）（注意：这专就对于自然的态度而言，不是指艺术的作风，所以这里所说的"自然主义"和法国小说家左拉（Zola）所倡的"自然主义"是两回事。我们这种用法的依据是法国美学家拉罗（Lalo）的《美学导言》）。

自然主义起源比较近。各民族在原始时代对于自然都不很能欣赏。应用自然景物于艺术，似以中国为最早，不过真正爱好自然的风气到陶潜、谢灵运的时代才逐渐普遍。《诗经》应用自然，和古代图画应用自然一样，只把它当背景和陪衬，所以大半属于"兴"，"兴"就是从观察自然而触动关于人事的情感。从晋唐以后，因为诗人、画家和僧侣的影响，赞美自然才变成一种风尚。在西方古代文艺作品中描写自然景物的非常稀罕。西方人爱好自然，可以说从卢梭起，浪漫派作家又加以推波助澜，于是"回到自然"的呼声便日高一日。

中国的艺术家欣赏自然，和西方人欣赏自然似乎有一个重要的异点。中国人的"神"的观念很淡薄，"自然"的观念中虽偶杂有道家的神秘主义，但不甚浓厚。中国人对待自然是用乐天知足的态度，把自己放在自然里面，觉得彼此尚能默契相安，所以引以为快。陶潜的"众鸟欣有托，吾亦爱吾庐""平畴交远风，良苗亦怀新"诸句最能代表这种态度。

西方人因为一千余年的基督教的浸润，"自然"和"神"两种观念常相混合。他们欣赏自然，都带有几分泛神主义的色彩。人和自然仿佛是对立的，自然带有一种神秘性横在人的眼前。人捧着一片宗教的虔诚向它顶礼。神是无处不在的，整个自然都是神的表现，所以它不会有什么丑恶。在卢梭看，自然本来尽善尽美，有人于是有社会，有文化；有了社会和文化，丑恶就跟着来了。诗人华兹华斯也是这样想。他在一首诗里向书呆子们劝告："站到光明里来，让自然做你的师保""自然所赋予的智慧是甜蜜的，好事的理智把事物意义弄得面目全非，我们用解剖去残杀。"这种泛神主义的自然观决定了艺术家对于自然的态度。自然既是尽善尽美，最聪明的办法就是模仿自然。

"模仿自然"本是西方艺术史中一个很古老的理想，古希腊人的艺术的定义就是"模仿"，柏拉图反对艺术，就是因为它只模仿感官世界。这种艺术观在历代都有攻击者和拥护者。近代作家中拥护"艺术模仿自然"说者以罗斯金为最力。依他看，人工造作的东西无论如何精巧，都不能比得上自然。他说："我从来没有见过一座希腊女神的雕像，有一个血色鲜丽的英国姑娘的一半美。"最自然的就是最常见的，最常见的就是最美的。"凡是美的线形都是从自然中最常见的线形抄袭来的。"例如希腊有柱无墙平顶式的建筑是模仿剪去枝叶的树林，"哥特式"尖顶多雕饰的建筑是模仿连枝带叶的树林，罗马圆顶式的建筑是模仿天空和地平线。因此，罗斯金劝建筑家们到树林里去从自然研究建筑原理。

自然既已尽美，所以艺术家模仿自然，最忌以己意加以选择。他说："人在这个世界里所能成就的最伟大的事业，就是睁着眼睛去看，然后把所见的东西老老实实地说出来。""完美的艺术都能返照全体自然,不完美的艺术才有所不屑,有所取舍。""纯粹主义者拣选精粉,感官主义者杂取秕糠,至于自然主义者则兼容并包,是粉就拿来制糕饼,是草就拿来做床垫。"

罗斯金的论调并非孑然孤立的。法国古典派画家安格尔告诉他的学徒说:"你须去临摹,像一个恭顺的奴隶去临摹你眼睛所见到的。"十九世纪法国雕刻家罗丹的《艺术论》也差不多和罗斯金一鼻孔出气。他说:"我在什么地方学雕刻?在深林里看到树,在路上看云,在作业室里研究模型;我处处都在学,只是不在学校里学。"他劝我们说:"第一件要事就是坚信自然全美,记得这个原理,然后睁开眼睛去观察。""我们的不幸都由于跟着蠢人们去涂抹自然的本来面目。"他说自己向来不曾有意地改变自然。"如果我要改变我所见到的,加以润饰,我必定不能做出有价值的东西。"

左拉所提倡的自然主义虽专指艺术作风,与罗斯金的带有宗教色彩的自然主义有别,但对于艺术与自然的关系,见解亦颇相同。这种自然主义是写实主义的后身。他以为艺术像科学一样,应该是"实验的",凡所描写都要拿出证据来,这种证据必定是自然所供给的。左拉看到他的小说《小酒店》编成剧本表演时,兴高采烈地说:"简直和真的一样!人们来的来,去的去,有些坐在桌子旁边,有些站在柜台前面,简直就是一个小酒店的样子!"他这洋洋自得,就因为觉得他的艺术妙肖自然。写实主义和自然主义虽已过去,它们的余波却仍未尽消灭。

在罗斯金、罗丹和一般自然主义者看,自然本来就尽美尽善,艺术家唯一的成功捷径就在模仿整个的自然，丝毫不用选择。这种理论显然有许多难点，美丑是相对的名词，有比较然后有美丑。如果把自然全体都看成一样美，就没有分别美丑的标准，就否认美丑有比较，那么，"美"也就漫无意义了。

艺术的功用如果在忠顺地模仿自然，既有自然，何须艺术呢？法国画家卢梭（Théodore Rousseau）有一次在山里临摹一棵大橡树，一个路过的乡下人问他在干什么，他很诧异地说："你分明看见，我是在临摹那棵大橡树呀！"那位乡下人仍是莫名其妙，继续问他："那有什么用处呢？橡树不是已经长在那儿了？"波斯有一位画家画了一条鱼，自己很得意，一个乡下人见到，颇不以为然："上帝造鱼都给它一条性命，你给它一个身体，不给它性命，这不是造孽吗？"这些乡下人的话看起来虽愚蠢可笑，其实含有至理，艺术的功用原在弥补自然的缺陷，如果自然既已完美，艺术便成赘疣了。

妙肖自然并不是艺术的最高的成就，所以摄影不能代图画，蜡人不能代雕刻，电影不能代戏剧。如果妙肖自然是艺术的最高的成就，则艺术纵登峰造极，也终较自然为减色。什么音乐可以模仿疾风迅雷，什么雕刻可以模仿高峰大海呢？画家塞尚告诉左拉说："我本来也想临摹自然，但是终于做不到。我不能'再造'太阳，但是我能'表现'太阳，这对于我也就行了。"左拉自己是自然主义的领袖，他也承认"艺术作品只是隔着情感的屏障所窥透的自然一隅"。说"隔着情感的屏障"，便承认艺术不能离开作者的个性，说"自然一隅"便非抄袭自然全体。写实派以福楼拜的成就最大，他就这样地骂写实主义：

大家所共称的写实主义与我毫不相干，虽然他们硬要拉我做一个主教。自然主义者所追求的都是我所鄙视的，他们所喝彩的都是我所厌恶的，在我看来，技巧细节，地方掌故，以及事物在历史上的真切，都卑卑不足道，我所到处寻求的只是美。

从种种方面看，自然主义都是很难成立的。

二

与自然主义相对峙的是理想主义。在理想派看，自然并不全美，美与丑相对，有比较后有美丑，美自身也有高下等差，艺术对于自然，应该披沙拣金，取长弃短。理想主义比自然主义较胜一筹，因为它虽不否认艺术模仿自然，却以为这种模仿并不是呆板的抄袭，须经过一番理想化。理想化有两种意义。一种是指凭着想象和情感，将自然事物重新加以组织、整理和融会贯通使所得的艺术作品自成一种完整的有机体，其中部分与全体有普遍的必然的关联。

因此，艺术作品虽自然（natural）而却又不是生糙的自然（nature），它表现出艺术家的理想性格和创造力。就这个意义说，理想主义是对的，凡是艺术都带几分理想性，因为它都带有几分创造性和表现性。这种见解发源于亚里士多德。他在《诗学》里说诗比历史更是"哲学的"（意思是说更真），因为历史只记载已然的个别的事物，诗则须表现必然的普遍的真理，前者是模仿殊相，后者是模仿共相。用近代语言来翻译，他的意思是说历史只记载自然界繁复错乱的现象，诗和艺术则更进一层把自然现象后面的原理，用具体的形式表现出来。

后人误解亚里士多德所说的"共相"（universals），以为"共相"就是"类型"（type），于是理想主义的另一种意义就起来了，所谓"理想"（idea）就是"类型"，类型就是最富于代表性的事物，"代表性"就是全类事物的共同性。依这一说，艺术所应该模仿的不是自然中任何事物而是类型。比如说画马，不能只着眼某一匹马，须把一切马的特征画出，使人看到所画的马便觉得一切的马都恰是这样。同理，艺术所表现的人物，都不应只能适合于某一时某一地，要使人随时随地都觉得它近情近理。如果"天下老鸦一般黑"，你画老鸦就一定把它画成黑的；纵然你偶然遇到白的或灰的老鸦，也千万不要理会它，因为那不是"类型"。

这种理想主义在各种艺术的古典时代最流行。比如希腊造型艺术表现人物大半都经过两重理想化。第一，它选择模型，就着重本来已合理想的人物，男子通常都是力士，女子通常都是美人。第二，在表现本来已合理想的形体时，希腊艺术家又加上一重理想化，把普遍的精要的提出，个别的琐细的丢开。他们的女神和力士大半都有一个共同的模样（即类型）。个性是古典艺术所不甚重视的。文艺复兴时代意大利画家受希腊影响甚深，所以他们所表现的男子也大半魁梧奇伟，女子也大半明媚窈窕。十七世纪以后，在希腊时代出于艺术家本能的，在假古典派作家便变成一种很鲜明的主义。在诗的方面如布瓦洛（Boileau）和蒲柏（Pope），在画的方面如雷诺兹（Reynolds）和安格尔（Ingres），在雕刻方面为温克尔曼（Winckelmann），都主张艺术忽略个性而侧重类型。

理想派的艺术在以往占过很久的势力，不过从浪漫主义和写实主义代兴以后，它就逐渐消沉了。近代艺术所着重的不是类型而是个性。在近代学者看，类型是科学和哲学对于具体事物加以抽象化的结果，实际上并不存在。艺术的使命在创造具体的形象，具体的形象都要有很明显的个性。一个模样可以套上一切人物时，就不能很精妥地适用于任何个别的人物。

许多人物的共同性，在古典派认为精要，在近代人看，则不免粗浅、平凡、陈腐。鼻子是直的，眼睛是横的，这是古典派所谓"类型"。但是画家图容肖像，如果只把直鼻横眼一件平凡的事实表现出来，就不免千篇一律。画家的能事不在能把鼻子画得直，眼睛画得横，而在能表现每个直鼻子横眼睛所以异于其他直鼻子横眼睛的。莎士比亚的夏洛克（Shylock），莫里哀的阿尔巴贡（Harpagon），巴尔扎克的葛朗台（Grandet），以及吴敬梓的严贡生都是守财奴，却各有各的本色特性，所以都很新鲜生动。如果艺术只模仿类型，则从莎士比亚创造夏洛克之后，一切文学家都可以搁笔，不用再写守财奴了。

粗浅、平凡和陈腐都是艺术所切忌的。诗人维尼（Alfred de Vigny）在《牧羊人的屋》里说：

爱好你所永世不能见到两回的。

象征派诗人魏尔兰（Verlaine）也说：

不要颜色！只要毫厘之差的阴影！

这些劝告在近代人心里已留下很深的印痕。在文艺趣味方面，人类心灵欢喜到精深微妙的境界去探险，从前人的"类型"和普遍性已经不能引人入胜了。

节选自《文艺心理学》
原题为"自然美与自然丑——自然主义与理想主义的错误"

文说（三篇）

焦 循

文说一

学者以散行为古文。散行者，质言之者也。其质言之，何也？有所以言之者，而不可以不质言之也。夫学充于此而深有所得，则见诸言者自然成文。如江河之水，随高下曲折以为波涛，水不知也。倘无所以言之者，而徒质言之，谆谆于字句，开合、呼应、顿挫之间，是扬行潦以为澜，列枯骨、朽荄吹嘘之以为气，剿袭雷同，牺惨可憎，试思所欲质言者何在？而为是喋喋也？是故学为古文者，必素蓄乎所以言之者，而后质言之。古文者，非徒质言之者也。

文说二

　　文有达，而无深与博。达之于上下四旁，所以通其变，人以为博耳；达之于隐微曲折，所以穷其原，人以为深耳。譬如泛舟于湖，港汊繁多，土人指而告之，终茫然莫能释。及往来其间，历有年所，而支分派别了然于胸中。乃知土人所缕述者，原未尝溢于所有之外，且向者土人之所述，今且得而自述之也。医之达者，其治疾每为庸医所诟病，往往其应如响，又未尝不诧为神奇，不知第明其所以然之理，而行其所当然。如人本之南，忽东行，非奇也，南有水，必东乃得梁也。故非深博，不可为文，非深博，不可论人之文。

文说三

　　夫谓文无深与博，亦即无所为简。行千里者以千里为至，行一里者以一里为至。《左氏春秋》，一人之笔也，或一二言而止，或连篇累牍，千百言而不止。一二言未尝不足，千百言未尝有余。灾变战伐，下至琐亵猥鄙之事，无不备载。未闻徒举其大端而屏其细故，以为简也，而文自简明。康海作《武功志》，不啻残砖败瓦，而处人于荒村僻巷间也，而说者称羡之，良可怪矣。

我的写作与水的关系

沈从文

在我一个自传里,我曾经提到过水给我的种种印象。檐溜,小小的河流,汪洋万顷的大海,莫不对于我有过极大的帮助。我学会用小小脑子去思索一切,全亏得是水;我对于宇宙认识得深一点,也亏得是水。

"孤独一点,在你缺少一切的时节,你就会发现原来还有个你自己。"这是一句真话。我有我自己的生活与思想,可以说是皆从孤独得来的。我的教育,也是从孤独中得来的。然而这点孤独,与水不能分开。

年纪六岁七岁时节,私塾在我看来实在是个最无意思的地方。我不能忍受那个逼窄的天地,无论如何总得想出方法到学校以外的日光下去生活。大六月里与一些同街比邻的坏小子,把书篮用草标各做下了一个记号，搁在本街土地堂的木偶身背后，就撒着手与他们到城外去，钻入高可及身的禾林里，捕捉禾穗上的蚱蜢，虽肩背为烈日所烤炙，也毫不在意。耳朵中只听到各处蚱蜢振翅的声音，全个心思只顾去追逐那种绿色黄色跳跃灵便的小生物。到后看看所得来的东西已尽够一顿午餐了，方到河滩边去洗净，拾些干草枯枝，用野火来烧烤蚱蜢，把这些东西当饭吃。直到这些小生物完全吃尽后，大家于是脱光了身子，用大石压着衣裤，各自从悬崖高处向河水中跃去。就这样泡在河水里，一直到晚方回家去，挨一顿不可避免的痛打。

有时正在绿油油禾田中活动，有时正泡在水里，六月里照例的行雨来了，大的雨点夹着吓人的霹雳同时来到，各人匆匆忙忙逃到路坎旁废碾坊下或大树下去躲避。雨落得久一点，一时不能停止，我必一面望着河面的水泡，或树枝上反光的叶片，想起许多事情。所捉的鱼逃了，所有的衣湿了，河面溜走的水蛇，叮固在大腿上的蚂蟥，碾坊里的母黄狗，挂在转动不已大水车上的起花人肠子，因为雨，制止了我身体的活动，心中便把一切看见的经过的皆记忆温习起来了。

也是同样的逃学，有时阴雨天气，不能向河边走去，我便上山或到庙里去，在庙前庙后树林或竹林里，爬上了这一株，到上面玩玩后，又溜下来爬另外一株。若所爬的是竹子，必在上面摇荡一会，爬的是树木，便看看上面有无鸟巢或啄木鸟孵卵的孔穴。雨落大了，再不能做这种游戏时，就坐在楠木树下或庙门前石阶上看雨。既还不是回家的时候，一面看雨一面自然就需要温习那些过去的经验，这个日子方能发遣开去。

雨落得越长，人也就越寂寞。在这时节想到一切好处也必想到一切坏处。那么大的雨，回家去说不定还得全身弄湿，不由得有点害怕起来，不敢再想了。我于是走到庙廊下去为做丝线的人牵丝，为制棕绳的人摇绳车。这些地方每天照例有这种工人做工，而且这种工人照例又还是我很熟悉的人。也就因为这种雨，无从掩饰我的劣行，回到家中时，我便更容易被罚跪在仓屋中。在那间空洞寂寞的仓屋里，听着外面檐溜滴沥声，我的想象力却更有了一种很好训练的机会。我得用回想与幻想补充我所缺少的饮食，安慰我所得到的痛苦。我因恐怖得去想一些不使我再恐怖的生活，我因孤寂又得去想一些热闹事情方不至于过分孤寂。

到十五岁以后，我的生活同一条辰河无从离开，我在那条河流边住下的日子约五年。这一大堆日子中我差不多无日不与河水发生关系。走长路皆得住宿到桥边与渡头，值得回忆的哀乐人事常是湿的。至少我还有十分之一的时间，是在那条河水正流与支流各样船只上消磨的。从汤汤流水上，我明白了多少人事，学会了多少知识，见过了多少世界！我的想象是在这条河水上扩大的。我把过去生活加以温习，或对未来生活有何安排时，必依赖这一条河水。这条河水有多少次差一点把我攫去，又幸亏它的流动，帮助我做着那种横海扬帆的远梦，方使我能够依然好好地在人世中过着日子！

再过五年，我手中的一支笔，居然已能够尽我自由运用了。我虽离开了那条河流，我所写的故事，却多数是水边的故事。故事中我所最满意的文章，常用船上水上作为背景，我故事中人物的性格，全为我在水边船上所见到的人物性格。我文字中一点忧郁气氛，便因为被过去十五年前南方的阴雨天气影响而来，我文字风格，假若还有些值得注意处,那只因为我记得水上人的言语太多了。

再过五年后,我的住处已由干燥的北京移到一个明朗华丽的海边。海既那么宽泛无涯无际,我对人生远景凝眸的机会便较多了些。海边既那么寂寞,它培养了我的孤独心情。海放大了我的感情与希望,且放大了我的人格。

原载《废邮存底》

我怎么做起小说来

鲁　迅

我怎么做起小说来？——这来由，已经在《呐喊》的序文上，约略说过了。这里还应该补叙一点的，是当我留心文学的时候，情形和现在很不同：在中国，小说不算文学，做小说的也决不能称为文学家，所以并没有人想在这一条道路上出世。我也并没有要将小说抬进"文苑"里的意思，不过想利用他的力量，来改良社会。

但也不是自己想创作，注重的倒是在绍介，在翻译，而尤其注重于短篇，特别是被压迫的民族中的作者的作品。因为那时正盛行着排满论，有些青年，都引那叫喊和反抗的作者为同调的。所以"小说作法"之类，我一部都没有看过，看短篇小说却不少，小半是自己也爱看，大半则因了搜寻介绍的材料。也看文学史和批评，这是因为想知道作者的为人和思想，以便决定应否介绍给中国。和学问之类，是绝不相干的。

因为所求的作品是叫喊和反抗，势必至于倾向了东欧，因此所看的俄国、波兰以及巴尔干诸小国作家的东西就特别多。也曾热心地搜求印度、埃及的作品，但是得不到。记得当时最爱看的作者，是俄国的果戈理（N.Gogol）和波兰的显克微支（H.Sienkiewitz）。日本的，是夏目漱石和森鸥外。

回国以后，就办学校，再没有看小说的工夫了，这样的有五六年。为什么又开手了呢？——这也已经写在《呐喊》的序文里，不必说了。但我的来做小说，也并非自以为有做小说的才能，只因为那时是住在北京的会馆里的，要做论文罢，没有参考书，要翻译罢，没有底本，就只好做一点小说模样的东西塞责，这就是《狂人日记》。大约所仰仗的全在先前看过的百来篇外国作品和一点医学上的知识，此外的准备，一点也没有。

但是《新青年》的编辑者，却一回一回地来催，催几回，我就做一篇，这里我必得纪念陈独秀先生，他是催促我做小说最着力的一个。

自然，做起小说来，总不免自己有些主见的。例如，说到"为什么"做小说罢，我仍抱着十多年前的"启蒙主义"，以为必须是"为人生"，而且要改良这人生。我深恶先前的称小说为"闲书"，而且将"为艺术的艺术"，看作不过是"消闲"的新式的别号。所以我的取材，多采自病态社会的不幸的人们中，意思是在揭出病苦，引起疗救的注意。所以我力避行文的唠叨，只要觉得够将意思传给别人了，就宁可什么陪衬拖带也没有。中国旧戏上，没有背景，新年卖给孩子看的花纸上,只有主要的几个人(但现在的花纸却多有背景了),我深信对于我的目的,这方法是适宜的,所以我不去描写风月,对话也决不说到一大篇。

我做完之后,总要看两遍,自己觉得拗口的,就增删几个字,一定要它读得顺口;没有相宜的白话,宁可引古语,希望总有人会懂,只有自己懂得或连自己也不懂的生造出来的字句,是不大用的。这一节,许多批评家之中,只有一个人看出来了,但他称我为 stylist。

所写的事迹,大抵有一点见过或听到过的缘由,但决不全用这事实,只是采取一端,加以改造,或生发开去,到足以几乎完全发表我的意思为止。人物的模特儿也一样,没有专用过一个人,往往嘴在浙江,脸在北京,衣服在山西,是一个拼凑起来的角色。有人说,我的那一篇是骂谁,某一篇又是骂谁,那是完全胡说的。

不过这样的写法,有一种困难,就是令人难以放下笔。一气写下去,这人物就逐渐活动起来,尽了他的任务。但倘有什么分心的事情来一打岔,放下许久之后再来写,性格也许就变了样,情景也会和先前所预想的不同起来。例如我做的《不周山》,原意是在描写性的发动和创造,以至衰亡的,而中途去看报章,见了一位道学的批评家攻击情诗的文章,心里很不以为然,于是小说里就有一个小人物跑到女娲的两腿之间来,不但不必有,且将结构的宏大毁坏了。但这些处所,除了自己,大概没有人会觉到的,我们的批评大家成仿吾先生,还说这一篇做得最出色。

我想,如果专用一个人做骨干,就可以没有这弊病的,但自己没有试验过。

忘记是谁说的了,总之是,要极省俭地画出一个人的特点,最好是画他的眼睛。我以为这话是极对的,倘若画了全副的头发,即使细得逼真,也毫无意思。我常在学学这一种方法,可惜学不好。

可省的处所,我决不硬添,做不出的时候,我也决不硬做,但这是因为我那时别有收入,不靠卖文为活的缘故,不能作为通例的。

还有一层,是我每当写作,一律抹杀各种的批评。因为那时中国的创作界固然幼稚,批评界更幼稚,不是举之上天,就是按之入地,倘将这些放在眼里,就要自命不凡,或觉得非自杀不足以谢天下的。批评必须坏处说坏,好处说好,才于作者有益。

但我常看外国的批评文章,因为他于我没有恩怨嫉恨,虽然所评的是别人的作品,却很有可以借镜之处。但自然,我也同时一定留心这批评家的派别。

以上,是十年前的事了,此后并无所做,也没有长进,编辑先生要我做一点这类的文章,怎么能呢。拉杂写来,不过如此而已。

原载《创作的经验》

人间词话

王国维

词以境界为最上。有境界则自成高格,自有名句。五代北宋之词所以独绝者在此。

有造境,有写境,此理想与写实二派之所由分。然二者颇难分别,因大诗人所造之境必合乎自然,所写之境亦必邻于理想故也。

有有我之境,有无我之境。"泪眼问花花不语,乱红飞过秋千去","可堪孤馆闭春寒,杜鹃声里斜阳暮",有我之境也。"采菊东篱下,悠然见南山","寒波澹澹起,白鸟悠悠下",无我之境也。有我之境,以我观物,故物皆着我之色彩。无我之境,以物观物,故不知何者为我,何者为物。古人为词,写有我之境者为多,然未始不能写无我之境,此在豪杰之士能自树立耳。

无我之境,人唯于静中得之。有我之境,于由动之静时得之。故一优美，一宏壮也。

自然中之物互相关系，互相限制。然其写之于文学及美术中也，必遗其关系、限制之处。故虽写实家亦理想家也。又虽如何虚构之境，其材料必求之于自然，而其构造亦必从自然之法则。故虽理想家亦写实家也。

境非独谓景物也，喜怒哀乐亦人心中之一境界。故能写真景物真感情者，谓之有境界；否则谓之无境界。

词人者，不失其赤子之心者也。故生于深宫之中，长于妇人之手，是后主为人君所短处，亦即为词人所长处。

客观之诗人不可不多阅世，阅世愈深则材料愈丰富愈变化，《水浒传》《红楼梦》之作者是也。主观之诗人不必多阅世，阅世愈浅则性情愈真，李后主是也。

《诗·蒹葭》一篇，最得风人深致。晏同叔之"昨夜西风凋碧树。独上高楼，望尽天涯路"，意颇近之。但一洒落，一悲壮耳。

"我瞻四方，蹙蹙靡所骋"，诗人之忧生也；"昨夜西风凋碧树。独上高楼，望尽天涯路"似之。"终日驰车走，不见所问津"，诗人之忧世也；"百草千花寒食路，香车系在谁家树"似之。

古今之成大事业、大学问者，必经过三种之境界："昨夜西风凋碧树。独上高楼，望尽天涯路"，此第一境也。"衣带渐宽终不悔，为伊消得人憔悴"，此第二境也。"众里寻他千百度。回头蓦见（当作'蓦然回首'），那人正（当作'却'）在灯火阑珊处"，此第三境也。此等语皆非大词人不能道。然遽以此意解释诸词，恐晏、欧诸公所不许也。

词忌用替代字。美成《解语花》之"桂华流瓦",境界极妙,惜以"桂华"二字代"月"耳。梦窗以下,则用代字更多。其所以然者,非意不足,则语不妙也。盖意足则不暇代,语妙则不必代。此少游之"小楼连苑""绣縠雕鞍",所以为东坡所讥也。

白石写景之作,如"二十四桥仍在,波心荡、冷月无声""数峰清苦,商略黄昏雨""高树晚蝉,说西风消息",虽格韵高绝,然如雾里看花,终隔一层。梅溪、梦窗诸家写景之病,皆在一"隔"字。北宋风流,渡江遂绝。抑真有运会存乎其间耶?

问"隔"与"不隔"之别,曰:陶、谢之诗不隔,延年则稍隔矣;东坡之诗不隔,山谷则稍隔矣。"池塘生春草""空梁落燕泥"等二句,妙处唯在不隔。词亦如是。即以一人一词论,如欧阳公《少年游》咏春草上半阕云:"阑干十二独('独'原作'犹')凭春,晴碧远连云。千里万里,二月三月(此两句原倒置),行色苦愁人。"语语都在目前,便是不隔。至云:"谢家池上,江淹浦畔"("畔"原作"上"),则隔矣。白石《翠楼吟》:"此地宜有词仙,拥素云黄鹤,与君游戏。玉梯凝望久,叹芳草、萋萋千里",便是不隔。至"酒祓清愁,花消英气",则隔矣。然南宋词虽不隔处,比之前人,自有浅深厚薄之别。

"生年不满百,常怀千岁忧。昼短苦夜长,何不秉烛游""服食求神仙,多为药所误。不如饮美酒,被服纨与素",写情如此,方为不隔。"采菊东篱下,悠然见南山。山气日夕佳,飞鸟相与还""天似穹庐,笼盖四野。天苍苍,野茫茫,风吹草低见牛羊",写景如此,方为不隔。

四言敝而有《楚辞》,《楚辞》敝而有五言,五言敝而有七言,古诗敝而有律绝,律绝敝而有词。盖文体通行既久,染指遂多,自成习套。豪杰之士,亦难于其中自出新意,故遁而作他体,以自解脱。一切文体所以始盛终衰者,皆由于此。故谓文学后不如前,余未敢信。但就一体论,则此说固无以易也。

诗之《三百篇》《十九首》,词之五代、北宋,皆无题也。非无题也,诗词中之意,不能以题尽之也。自《花庵》《草堂》每调立题,并古人无题之词亦为之作题,如观一幅佳山水,而即曰此某山某河,可乎？诗有题而诗亡,词有题而词亡。然中材之士,鲜能知此而自振拔者矣。

大家之作,其言情也必沁人心脾；其写景也必豁人耳目；其辞脱口而出,无矫揉妆束之态。以其所见者真,所知者深也。诗词皆然。持此以衡古今之作者,可无大误矣。

诗人对宇宙人生,须入乎其内,又须出乎其外。入乎其内,故能写之。出乎其外,故能观之。入乎其内,故有生气。出乎其外,故有高致。美成能入而不出。白石以降,于此二事皆未梦见。

诗人必有轻视外物之意,故能以奴仆命风月。又必有重视外物之意,故能与花鸟共忧乐。

节选自《人间词话》